Inhalt

POE-06

Geleitworte

Wege zur Backsteingotik

Im 12. und 13. Jahrhundert machten sich Tausende von Siedlern von Süden und Westen aus auf den Weg, um entlang der Ostseeküste eine neue Heimat zu finden. Ihnen und den nachfolgenden Generationen, die sich im Bund der Hanse zusammenschlossen, verdanken wir eine Kulturlandschaft, deren Dichte und Qualität an gotischen Backsteinbauwerken ihresgleichen sucht. Durch Kriege und zeitgenössisches Bauen nur wenig zerstört, zeugen sie von der mittelalterlichen Blütezeit der Region. Diese einzigartige Kulturlandschaft zu erschließen und zu erhalten, bleibt eine große Herausforderung für Bürger, Politiker und Wirtschaft. Denn heute geht die Wanderungsbewegung auf der Suche nach Arbeit in entgegengesetzte Richtung. In den vergangenen 15 Jahren haben sich alle Beteiligten mit hohem Engagement für die Rettung der Backsteinbaukunst eingesetzt. Vieles wurde erreicht, vieles bleibt noch zu tun. Als wichtiger Schritt entstand die Initiative ›Wege zur Backsteingotik‹, um die norddeutsche Kulturlandschaft für Reisende zu erschließen und durch Bildungstourismus den notwendigen wirtschaftlichen Hintergrund zu schaffen. Wenn bereits jetzt auch in den schwächeren Urlaubsmonaten die Besucherzahlen steigen, ist dies ein Erfolg für die Denkmalpflege und den Kulturtourismus. Wie wichtig dabei die Medien, allen voran der NDR, und die Angebote für den Bildungstourismus sind, haben das Ausstellungsjahr 2002 und die aktuellen Fortsetzungsausstellungen in Lübeck und Wismar gezeigt.

Die erste Auflage des vorliegenden Buches war der Auftakt. Es folgten die von unserer Stiftung herausgegebene CD-ROM ›Wege zur Backsteingotik‹, die eine sehr hohe Verbreitung fand, und weitere reich bebilderte Publikationen, mit denen wir für die einzigartige Kulturlandschaft entlang der Ostseeküste werben möchten. Die nun vorliegende vierte Auflage der ›Backsteingotik‹ wurde von Angela Pfotenhauer neu bearbeitet und mit aktuellen Fotografien von Elmar Lixenfeld ergänzt.

Gottfried Kiesow

Professor Dr. Dr.-Ing. E. h. Gottfried Kiesow
Vorstandsvorsitzender der Deutschen Stiftung Denkmalschutz

Europa verbinden

Als ich der ersten Auflage dieses Buches über Backsteingotik an der südlichen Ostseeküste im Herbst 1999 gewünscht hatte, es möge viele Leser dazu anregen, sich die einzigartige Kulturlandschaft der Hansezeit zu erschließen, steckte die Initiative ›Wege zur Backsteingotik‹ noch in den Kinderschuhen. Um so glücklicher sind wir sechs Jahre später darüber, dass aus dem anfänglichen Wunsch, angesichts des großen denkmalpflegerischen Nachholbedarfs mehrerer Jahrzehnte einfach nur helfen zu wollen, inzwischen eine europaweite Initiative erwachsen ist. Die Hansestädte Wismar und Stralsund wurden 2002 von der UNESCO als gemeinsames Welterbe anerkannt, nachdem Lübeck bereits 1987 mit diesem Ehrentitel gewürdigt wurde. Nach der Ausstellung ›Wege zur Backsteingotik‹, die 2002 in den fünf Hansestädten Lübeck, Wismar, Rostock, Stralsund und Greifswald begann und in Lübeck und Wismar fortgesetzt wird, folgte am 1. Juni 2004 in Stralsund die offizielle Eröffnung der EuRoB, der Europäischen Route der Backsteingotik.

Mit Unterstützung der Europäischen Union arbeiten nun 27 Partner in mehr als 22 Städten aus sieben Ländern entlang der Ostsee gemeinsam daran, ihr reiches bauliches Erbe aus dem Mittelalter zu bewahren und die Öffentlichkeit in mehreren Sprachen auf diese Kulturlandschaft hinzuweisen. Ich bin sicher, dass sich dieser sinnvollen, länderübergreifenden Initiative weitere Städte anschließen werden, denn zu Beginn des 21. Jahrhunderts gilt ebenso wie im Mittelalter: Nur gemeinsam können es die Städte rund um die Ostsee schaffen, nach der Erweiterung der Europäischen Union aus dem Schatten eines vermeintlichen Randgebietes ins Zentrum des geografischen und öffentlichen Interesses zu gelangen.

Als Lübecker Bürger weiß ich, dass das Leben an der Küste zuweilen anderen Regeln folgt als in dicht besiedelten Industriestädten. Jahrhunderte bevor sich Nationalstaaten bildeten, hat der Hansebund den Kaufleuten überregional Schutz gewährt und Verbindungen in entfernte Kulturen, bis nach Asien, ermöglicht. Die reizvollen Stadtbilder, die uns hansischer Bürgerstolz hinterließ, können helfen, auch unsere Herzen dafür zu öffnen, die Zeugnisse des Mittelalters in Europa für die Zukunft zu retten.

Robert Knüppel

Dr. Robert Knüppel
Generalsekretär der Deutschen Stiftung Denkmalschutz

Die Handelsbeziehungen der Hanse

Wie kommt ein gotischer Glasbecher aus feinstem Glas und Email aus Venedig (rechte Seite unten) in die Abfallgrube eines hansischen Kaufmanns in Stralsund? Und warum werden Pelzjäger aus Russland auf einer Relieftafel (Bild links daneben) in der Ratskirche St. Nikolai dargestellt?

Das Glas entstand im frühen 14. Jahrhundert, die hölzernen Reliefs auf dem Gestühl der Nowgorodfahrer im späten 14. Jahrhundert. Das Gestühl schildert den Handelskontakt zwischen Stralsunder Kaufleuten und russischen Pelzjägern. Hunde begleiten die Jäger, die mit stumpfen Pfeilen auf Pelztiere schießen. Die Pfeile sind stumpf, damit der Pelz nicht beschädigt wird. Abgerichtete Bären helfen bei der Honigsuche. Nach der Jagd werden die Luxuswaren Pelz und Honig zum Kontor der Hansekaufleute in Nowgorod gebracht. Neben den Quellen in den Stadtarchiven verweisen Kunstwerke wie diese darauf, dass Stralsund im Mittelalter ein wichtiger Umschlagplatz für den russischen und innerasiatischen Markt war. Doch nicht nur Stralsund, auch die benachbarten Hafenstädte an der Ostseeküste stiegen im Mittelalter zu bedeutenden Handelsplätzen auf.

Die Karte (rechte Seite) zeigt die europäischen Fernhandelsrouten der Hanse aus hansischer Sicht in der Zeit zwischen etwa 1300 und 1400 (nach Hammel-Kiesow Hanse 2000). In frühhansischer Zeit, um die Wende des 13./14. Jahrhunderts, war der Ostseeraum mit dem genuesischen und venezianischen Handelsraum durch die Seewege nach Brügge und London und durch den Landweg über den Rhein und den Großen St. Bernhard verbunden. Seit der zweiten Hälfte des 14. Jahrhunderts gewannen die Direktfahrten vom östlichen Ostseeraum ins nordwestliche Europa (die sog. Umlandfahrt) und der Kontinentalhandel von Oberitalien über die Alpen nach Mitteleuropa zunehmend an Bedeutung.

Nur wenn man sich diese weitreichenden Verbindungen über die heutigen Staatengrenzen hinweg vor Augen hält, kann man die Bauten an der Ostsee verstehen.

Fässer und Säcke waren jahrhundertelang das wichtigste Verpackungsmaterial für alle Dinge, die mit Schiffen über die Ostsee transportiert und von der Küste weiter über Flüsse ins Landesinnere gebracht wurden. Fässer sind wasserdicht, wiederverwertbar, stapelbar – und man kann sie rollen statt sie zu schleppen. Das Foto entstand im Museumshaus in Stralsund.

Bergen
Stockholm
Reval
Nowgorod
Bulgar
Riga
Polozk
Vitebsk
Smolensk
Boston
Stralsund
Königsberg
Lübeck
Danzig
Hamburg
Elbing
London
Berlin
Thorn
Magdeburg
Brügge
Soest
Köln
Erfurt
Breslau
Paris
Frankfurt
Kiew
Sarkel
Prag
Krakau
Lemberg
Itil
Nürnberg
Bourgneuf
Ulm
Dnjepr
Tana
Augsburg
Wien
Rhein
Bordeaux
Mailand
Kilia
Kaffa
Venedig
Rhône
Genua
Donau
Trapezunt
Konstantinopel
Mamistra
Bagdad
Tripolis
Beirut
Sidon
Damaskus
Tyrus
Akbon
Alexandria
Wolga

Die Baukunst der Hansestädte

Im 12. und 13. Jahrhundert machte sich etwa eine halbe Million Menschen aus Westfalen, Franken, Flandern, Lothringen und Holland auf einen langen Weg. Sie suchten ihr Glück, oft Hunderte Kilometer zu Fuß. An der Ostsee und von dort weiter im Landesinneren siedelten sie sich an und schufen in wenigen Jahrzehnten eine blühende Kulturlandschaft.

Sie errichteten Klöster und Städte in zuvor nicht gekanntem Maßstab und entwickelten eine eigenständige Baukultur, die als Backsteingotik bezeichnet wird. Aus der neuen Form des bürgerlichen Zusammenlebens ging eine wirtschaftliche Interessengemeinschaft hervor, die viel später, im 14. Jahrhundert erst, ›Hanse‹ genannt werden sollte.

Mehr als achthundert Jahre danach stehen wir staunend in den Küstenstädten, die im Mittelalter entbehrungsreiche Jahrzehnte, blutige Kämpfe und immer wieder zerstörte und neu aufgebaute Häuser erlebt hatten. Etliche Millionen Backsteine mussten wörtlich genommen aus dem Boden gestampft werden, und die vormals waldreiche Küstenlandschaft veränderte damit auf Dauer ihr Gesicht. Denn die schnell wachsende Zahl der Bürger brauchte zum Brand der Backsteine und zum Bau der vielen Koggen riesige Mengen Holz. Dafür rodeten sie die Wälder und holzten die Bäume, oft Eichen, in großem Stile ab.

Die Koggen, im 13. Jahrhundert als breite Handels- und Kriegsschiffe entwickelt, bildeten die technologische Voraussetzung dafür, dass die neue gesellschaftliche Schicht, das Bürgertum, mit weit entfernten Städten Handelsverbindungen aufbauen konnte. Der Handel war es, der den Bürgern der Küstenstädte entlang der Ostsee Reichtum und damit Macht einbrachte. Diese Zeiten sind lange vorbei. Geblieben ist der Charme der norddeutschen

WISSEMARA

Die Bilder dieser beiden Seiten zeigen den Ratzeburger Dom, den Herzog Heinrich der Löwe 1160/70 nach dänischem Vorbild gründete. Man betritt den Dom durch die südliche Vorhalle (unten), die durch einen zentralen Pfeiler in der Raummitte bestimmt wird. Viele gestalterische Details belegen, dass die Handwerker im Mittelalter weit gereist waren und Erfahrungen auf fernen Baustellen gemacht hatten. Die wechselnden Schichten glasierter und unglasierter Backsteine verweisen beim Ratzeburger Dom auf oberitalienische Kirchen, die offenbar die bautechnischen und gestalterischen Vorbilder waren.

Hansestädte, ihre Lage in einer weiten, wasserdurchzogenen Landschaft mit Naturschutzgebieten und Refugien für Zugvögel. Geblieben ist auch die herzliche Gastfreundlichkeit, die sich die Küstenbewohner auch in wirtschaftlich schweren Zeiten bewahrt haben. Bis heute haben sie es nicht leicht, die Menschen in den Hafenstädten entlang der Ostsee.

Die mittelalterliche Blütezeit der Küstenregion bleibt ein faszinierendes Phänomen: Innerhalb weniger Jahre verbreitete sich im Ostseeraum bis tief ins Landesinnere hinein ein Stil, der nirgends sonst so dicht, so einheitlich und über einen so langen Zeitraum verbindlich war. ›Gotik‹ nannte man ihn erst viel später, und wegen seines Baumaterials ›Backsteingotik‹.

Der Herzog von Bayern und Sachsen, Heinrich der Löwe, und der Markgraf Albrecht der Bär – die Namen lassen kaum auf zarte Gemüter schließen – eroberten die Ostseeküste von Westen nach Osten und unterwarfen die dort seit Jahrhunderten lebenden Menschen, überwiegend Slawen. Als Zeichen seines Herrschaftsanspruchs gründete Heinrich der Löwe an Stelle der slawischen Handelsflecken Städte und errichtete auf den slawischen Heiligtümern christliche Kirchen. Die Gründungen Heinrichs reihen sich von Lübeck ausgehend in Richtung Osten entlang der Küste wie Perlen an einer Schnur auf. Zuvor hatte Heinrich in Ratzeburg (Dom seit 1160/70) und auch Braunschweig (Dom seit 1173) Bischofssitze installiert.

Teile der Lübecker Altstadt wurden 1987 zum UNESCO-Weltkulturerbe erhoben. Lübeck galt als ›hovet der hense‹, als ›Haupt der Hanse‹. Das religiöse und politische Zentrum

Der Innenraum des Ratzeburger Doms nach Osten.

des Lübecker Stadtrats war die Marienkirche, die gleichsam als Kontrapunkt zum Dom, dem Zentrum der kirchlichen Macht, errichtet wurde. Kaum vollendet, avancierte die Marienkirche zum Symbol für Bürgerstolz und zu einem Vorbild für viele Stadtkirchen, von denen sich ehrgeizige Küstenstädte wie Wismar, Rostock, Stralsund oder Greifswald gleich drei leisteten. Die bürgerlichen Bauherren versuchten, sich bei ihren kirchlichen Großprojekten gegenseitig an Größe und bautechnischer Raffinesse zu überbieten – ebenso wie die Mönche mit ihren Klosterkirchen, wie etwa in Doberan. Die Lübecker Marienkirche galt in der Forschung lange als Vorbild für viele Backsteinkirchen. Inzwischen weiß man, dass die Wechselwirkungen viel komplizierter waren.

Wie kommt die Gotik an die Küste?

Da sich im Mittelalter kein Baumeister einen Kirchenbau völlig neu und ohne Vorbild ausdachte, stellt sich die Frage, an welchem Bau sich die Bauherren von St. Marien orientierten. Ganz einfach: am teuersten, modernsten und größten, das man kannte. Und dieses Vorbild, nach dem man schielte, lag nicht in der Nähe, denn dort gab es nichts, das den ehrgeizigen Vorstellungen auch nur annähernd nahekam. Die Vorbilder lagen tausende Kilometer südwestlich, im fruchtbaren Land des französischen Königs, der in Paris residierte. In der Region um Paris, der Ile-de-France, hatte sich Jahrzehnte zuvor, seit etwa 1130 ein Stil entwickelt, der später ›französische Kathedralgotik‹ genannt wurde.

Bei aller kulturellen Verschiedenheit hatte man an der Ostseeküste und in den französischen Kronlanden ein ähnliches Anliegen: Man brauchte neue, große Kirchen. Unterschiedlich waren in erster Linie die Motive und Anlässe für die teuren Bauvorhaben. In Frankreich ging es meist darum, die seit Jahrhunderten bestehenden romanischen Kirchengebäude prachtvoller zu erweitern. Nicht zuletzt waren es die Kreuzzüge, die die Gesellschaft und die religiösen Vorstellungen des 12. und 13. Jahrhunderts einschneidend verändert hatten. Für die in den islamischen und jüdischen Städten erbeuteten Reliquien ließen tausende Menschen ihr Leben. Für besonders bedeutende Reliquien schuf man spektakuläre

Große romanische Klöster wie das hier im Bild dargestellte Prämonstratenserkloster Jerichow (südöstlich von Stendal) verweisen darauf, dass die Bautechnik mit Backsteinen im nördlichen Europa vor allem den Mönchen zu verdanken ist. Die sich in wenigen Jahrzehnten schnell ausbreitenden Klöster der Zisterzienser und Prämonstratenser brachten nicht nur innovative landwirtschaftliche Techniken, sondern auch bautechnische Neuerungen mit (vgl. die Kapitel über die Zisterzienser).

Der Innenraum der romanischen Jerichower Klosterkirche (seit 1148) ist vollständig mit roter Ziegelfarbe getüncht, auf der weiße Fugenstriche einen regelmäßigen Rhythmus erzeugen. Das Baumaterial Backstein wird durch die aufgebrachte Farbe gleichsam veredelt, es erhält eine ebenmäßige Farbhaut. Der genormte Backstein bleibt aber das Modul, das kleinste Maß, das den Raum bestimmt. Jeder Stein hat seine Geschichte: Aus einer Grube geschaufelt, wurde der Ton von Menschen durchgeknetet, bevor er bei etwa 800 Grad gebrannt wurde. Ganze Wälder wurden als Brennholz verheizt, tonnenweise wurde Kalk zu Mörtel gemischt. Was bei einem romanischen Kloster wie Jerichow schon eine Leistung ist, gerät bei den fast hundert Meter langen, im Mittelschiff oft mehr als dreißig Meter hohen gotischen Stadtkirchen zu einem organisatorischen, finanziellen und menschlichen Kraftakt.

gotische Neubauten. So ließ beispielsweise König Ludwig IX. bis 1248 für die ›Dornenkrone Christi‹ in Paris eine neue Hofkapelle, die Sainte-Chapelle, errichten, ein Meisterwerk hochgotischer Baukunst. Diese Hofkapelle wirkt mit ihren haushohen farbigen Fenstern wie ein riesiger Glasschrein. Im gleichen Jahr wurde in Köln der Grundstein für einen Domneubau gelegt. Anlass waren auch dort Reliquien, die der ›Heiligen Drei Könige‹.

Ganz anders war die Ausgangssituation an der Ostseeküste. In den jungen Stadtgründungen begannen die Bürger gerade einmal damit, sich repräsentative Identifikationsbauten zu schaffen. Während und nach den Jahrzehnten der Kreuzzüge im 12. und 13. Jahrhundert befand sich das nordwestliche Europa in einem starken Umbruch, und zwar in sozialer, technischer und wirtschaftlicher Hinsicht. Nicht zuletzt bescherte ein relativ mildes Klima gute Ernten, so dass Hungersnöte und Epidemien eine Weile seltener auftraten, mehr Menschen das Erwachsenenalter erreichten und eine effektivere Arbeitsteilung möglich wurde. Zu dieser Zeit entwickelte man die Dreifelder-, und bald danach die Dreizelgenwirtschaft, die für gleichmäßigere und berechenbarere Ernten sorgten. Man verbesserte die Pflügetechnik und setzte seit dem 13. Jahrhundert erstmals Mühlen ein – insgesamt gesehen Maßnahmen, welche die Getreideerträge Europas in wenigen Jahren verdoppelten und damit ein sprunghaftes Anwachsen der Bevölkerungszahl bewirkten. Sie stieg zwischen den Jahren 1000 und 1300 von etwa 3,5 Millionen auf 13 bis 14,5 Millionen. Damit vervierfachte sich die Einwohnerzahl Westeuropas in etwa dreihundert Jahren (Rolf Hammel-Kiesow in: Kat. Die Hanse 2002 S. 15). Mehr Menschen, das bedeutete mehr Bewegung, Warenaustausch, Handel und damit neue Regeln und neue Formen des Zusammenlebens.

In ganz Europa entwickelte sich parallel zu Mönchtum und dem Adel eine Laienkultur, die neben geistlichem Schrifttum auch weltliche Literatur hervorbrachte und in den rasch wachsenden Städten Abnehmer und Produzenten fand. Die meisten Menschen Westeuropas waren seit der Karolingerzeit Christen geworden. Als sie in einer Massenbewegung in mehreren Wellen zu den ›Kreuzzügen‹ aufbrachen, fügten sie der islamischen und jüdischen Bevölkerung furchtbares Leid zu. Durch diese Kriege lernten die Europäer aber zugleich die hohe Zivilisation in den islamischen Ländern kennen, von der die gotische Baukunst ebenso wie die Seefahrt, Medizin und Philosophie wichtige Anstöße bekamen. Die Gewölbetech-

Das flache Land an der Küste bietet mit dem Wind ideale Voraussetzungen für die vielen Windmühlen – wie hier die Mühle in Klütz. Heute muten Windmühlen romantisch an, damals bewirkten sie einen technologischen Entwicklungsschub beim Mahlen des Getreides zu Mehl.

nik und viele Schmuckmotive – genannt sei nur der Kreuzbogenfries – kommen aus der islamischen Baukunst.

Das 12. und 13. Jahrhundert war eine Zeit großer Gegensätze, in der einerseits die höfische Kultur verfeinert wurde und die Minneliteratur ihre Blütezeit erlebte, in der die Lebensart in vielen Bereichen kultiviert wurde, in der aber andererseits eine nicht gekannte Landflucht die feudale Gesellschaftsordnung auflöste und in vielen neugegründeten Städten auch großes Elend nach sich zog. Darüber, wie es den ärmeren Menschen in den Küstenstädten erging, wissen wir wenig. Einzelberichte und Ausgrabungen vermitteln punktuell, wie karg viele Menschen in den Städten wohnten, wie sie mehr schlecht als recht von harten, schlecht bezahlten Arbeiten lebten. Die Bürgerschaft insgesamt aber erlebte in Städten wie Lübeck innerhalb weniger Jahrzehnte einen nie gekannten Auftrieb und Wohlstand. Der Schlüssel zum Verständnis des Aufstiegs hieß: Geld. Erst die organisierte Geldwirtschaft ermöglichte die Kontrolle über den überregionalen Handel – und dieser war die wirtschaftliche Voraussetzung für die jungen Küstenstädte. Nur mit Geld als Gegenwert ließen sich Waren, Fische ebenso wie Ernteüberschüsse, über den eigenen Bedarf hinausgehend, in ferne Regionen weiterverkaufen. Geld brachte den Faktor Zeit in den Warentausch ein, und es entstand das lukrative Handeln mit Geld, das ohne Arbeit, allein durch Zeit wieder Geld, nämlich Zinsen, einbringt.

Nachdem die eingewanderten Siedler in der ersten Hälfte des 12. Jahrhunderts das Land der Slawen eingenommen hatten, stand ihrer Ausdehnung und ihrem wirtschaftlichen Aufstieg nichts mehr im Wege. Denn vor ihnen lag ein riesiges Einzugsgebiet. Die Lübecker Kaufleute fuhren mit Schiffen bis zu den Erzeugern der Ostseewaren, um sie dort günstig einzukaufen und dann bei einer ständig wachsenden Nachfrage in das europäische Binnenland weiterzuverkaufen. Die steigende Bevölkerungszahl und das wirtschaftliche Wachstum führten zu immer höheren Nachfragen. Innerhalb weniger Generationen hatten die niederdeutschen Kaufleute den gesamten Zwischenhandel vom nordwestlichen bis zum nordöstlichen Europa unter Kontrolle (nach Rolf Hammel-Kiesow in: Kat. Die Hanse 2002). Sie unterhielten Handelsniederlassungen im Osten, wie in Nowgorod mit seinem riesigen Hinterland bis nach Sibirien, im Westen, wie in Brügge und anderen flandrischen Städten, und in London. Viel später sollte man diese Niederlassungen Kontore nennen (siehe Karte S. 5).

Gehandelt wurde mit einer Vielzahl von Waren, mit Luxusgütern ebenso wie mit Waren des täglichen Bedarfs. Zu den Luxusgegenständen zählten beispielsweise Wachs, Pelze und teure Stoffe. Zu den Massenprodukten gehörten Getreide und Mehl, Fische wie Hering und Stockfisch, Holz- und Waldbauprodukte wie Teer, Pottasche und Pech, außerdem die in Flandern begehrte Blaufärbe-Pflanze Waid, und vieles mehr (nach Rolf Hammel-Kiesow in: Kat. Die Hanse 2002).

Arbeitsteilung auf der gotischen Baustelle

Die vielen Menschen, die essen, trinken und wohnen müssen, Arbeit brauchen und Arbeit schaffen – das wollte organisiert sein. Arbeitsteilung war der Schlüssel für den Aufstieg der Städte. Ohne die Aufteilung der Aufgaben auf viele Personen wäre keine der Backsteinkirchen geplant worden. Während die Baumeister die romanischen Kirchen ohne Gesamtplan und maßstäbliche Zeichnung ausführten, nicht mit Bruchzahlen, sondern mit ganzen Zahlen rechneten, ihre Räume im ›gebundenen System‹ durchplanten und die Bauleute nur in den Sommermonaten auf der Baustelle arbeiteten, entwickelte man wohl im französischen Reims nordöstlich von Paris um 1230/50 die maßstäbliche Bauzeichnung. Eine stille Revolution. Denn nun konnten mehrere Menschen zugleich optisch und gedanklich nachvollziehen, was sich ein einzelner ausgedacht hatte. Und sie konnten sich darauf berufen und die Zeichnung auch nach Jahren noch hervorholen. Damit waren die Steinmetzen in der Lage, Einzelteile seriell vorzufabrizieren, sie zu lagern und zu einem späteren Zeitpunkt erst zu vermauern.

Die Planung der Zeit

Enges Zusammenleben erfordert zeitliche Absprachen, Zeit wurde immer differenzierter in Einheiten aufgeteilt. Natürlich diktierten die Tages- und Jahreszeiten nach wie vor den Arbeitsrhythmus, aber unterschiedliche Berufsgruppen konnten nun parallel zueinander vorarbeiten. Nicht zufällig verbreiteten sich in den Städten bald entsprechende Zeitmess-Apparate, die Uhren. Es gab sie schon bei den Arabern, aber welcher europäische Bauer brauchte schon eine Uhr?

Hölzerne Baugerüste (oben, an St. Marien in Wismar nachgebaut, vgl. S. 65) und Lehrgerüste zum Mauern von Gewölben aus Backsteinen (unten ein Modell) sind technische Voraussetzungen, ohne die eine gotische Baustelle nicht auskommt.

Maßwerk, das ›gemessene Werk‹, kann ohne einen Zirkel nicht entstehen. Als Beispiel ist hier ein Detail aus St. Marien in Bad Doberan dargestellt, das ein spätgotisches Maßwerk zeigt.

Anders war es bei den städtischen Kaufleuten, die Termine halten und sich mit anderen absprechen mussten, wann man gemeinsam in See stach. Zifferblätter veranschaulichen, dass Zeit etwas ist, das einfach weiterläuft. Anders als etwa bei einer Sanduhr laufen die Uhrzeiger immer rund. Damit die Uhr-Zeit für alle verbindlich ist, wurden die Uhren von weitem sichtbar hoch oben an den Kirchtürmen angebracht. Uhren sind der konsequente Ausdruck städtischen Zusammenlebens, das auf Profit und Wohlstand ausgerichtet ist. Ohne das Beziffern von Waren, das Wiegen und Messen, das Berechnen von Jahreszeiten und Windstärken konnte kein hansischer Kaufmann auskommen. Astronomische Uhren, wie sie in St. Marien in Rostock und St. Nikolai in Stralsund erhalten sind, zeigen nicht nur die Uhrzeit, sondern binden diese ein in den Kosmos übergreifender Lebensrhythmen, die durch Auf- und Untergang von Sonne und Mond, die Monate und Mondphasen, die astrologischen Sonnenzeichen und andere Kreisläufe bestimmt sind.

Weltliches und geistliches Denken bildete für die Menschen im Mittelalter eine untrennbare Einheit. Es ging um das Bewahren der göttlichen Ordnung – griechisch ›Kosmos‹ – in der alles und jeder seinen Platz hat. Sinnfällig ist daher auch die besondere Bedeutung eines anderen Messinstruments, ohne das kein gotischer Bau denkbar wäre. Dieses Werkzeug ist ebenso einfach wie genial und auf der Baustelle unentbehrlich: der Zirkel. Wegen seiner alles entscheidenden Bedeutung gilt er als das Attribut des Baumeisters schlechthin. Daher wird sogar Gott als Schöpfer der Erde in der mittelalterlichen Buchmalerei mit einem Zirkel dargestellt. Nur mit dem Zirkel kann ein Baumeister jene Formen konstruieren, die für die Gotik charakteristisch sind, weil sie sich überschneiden und sich im Kleinen abbildet, was sich in der großen, übergreifenden Form wiederholt: das ›gemessene Werk‹, das Maßwerk. Planen, organisieren, rechnen, messen, aufteilen – dies sind die geistigen Voraussetzungen für eine gotische Backsteinkirche. Maßwerk hat für die Gliederung der haushohen Kirchenfenster eine grundlegende Funktion. Es ermöglicht, die riesigen Fensterflächen zu teilen und die technische Notwendigkeit als gestalterisch reizvolle Aufgabe zu sehen. Durch das Maßwerk können die Fenster dem Winddruck in großer Höhe standhalten. Im Unterschied zu den vielbahnigen, von kompliziertem Maßwerk bekrönten französischen Fenstern bestehen die der Backsteinkirchen meist aus einfachen Spitzbögen.

In ganz Nordwesteuropa reagierten die örtlichen Baustellenleiter auf die moderne französische Bauweise mit spitzen Bögen, Gewölben, Maßwerkfenstern und Strebewerk. Handwerker waren verpflichtet, zu reisen und auf fremden Baustellen Erfahrungen zu sammeln. Diese weit gereisten Fachleute zeichneten die Details und trugen sie mit ihren Skizzenbüchern in die Orte und Klöster anderer Regionen, wo man einen Neu- oder Umbau plante. Je nach Geldbeutel, Material und Mut der Bauherren kam man an der Elbe, der Donau und am Rhein zu unterschiedlichen regionalen Lösungen und mischte das Neue und Fremde mit dem regionalen Geschmack, dem Bedarf und dem eigenen Formgefühl.

In der flachen Küstenlandschaft entwickelte sich durch das Material Backstein eine ganz eigenständige Ausprägung der Gotik. Der Backstein gibt ein sehr kleinteiliges Modul vor, das man baukünstlerisch anders behandeln muss als Haustein. Backstein reagiert anders auf Druck und Zug. Aus Backstein lassen sich bestimmte Detailformen nicht herausarbeiten. Das gotische Raumgefühl, das die tragende, geschlossene Wand optisch aufzulösen suchte, entwickelte sich durch das Material Backstein in der Spätgotik in eine neue Richtung, denn Backsteinmauern betonen eher die Schwere. Die vielfach sich überschneidenden, verschlif-

Geometrie ist die Grundlage für die Konstruktion jeder gotischen Kirche. Den Baumeistern ging es nicht nur um Höhengewinnung, sondern sie wollten lichtdurchflutete Räume schaffen. Als Beispiel wird hier der Blick in das Gewölbe des Schweriner Doms gezeigt, dessen Höhe und Helligkeit durch die weiße Farbe auf den Backsteinmauern noch gesteigert wird. Den Sterngewölben liegt ein geometrischer Plan zugrunde, der mit dem Zirkel entworfen wird.

Der überregionale Handel schuf die materielle Grundlage für den Reichtum der Hansestädte. Nur so konnten sie es sich erlauben, Kirchen in einer nie gekannten Größe und Höhe zu errichten.

Rechte Seite oben: Blick in das jüngst wieder aufgebaute Gewölbe der spätgotischen Kirche St. Georgen in Wismar. Nicht zufällig bezeichnet man die Kirchenräume mit ›Mittelschiff‹ und ›Seitenschiff‹. Seefahrt, Handel, Schiffs- und Kirchenbau gehören an der Ostseeküste im Mittelalter untrennbar zusammen.

fenen Formen der französischen Gotik sind damit kaum möglich.

Französische Gotik, das heißt nicht nur Höhe und Mächtigkeit, sondern vor allem Licht. Heutige Städter sind von ständigem Licht anderer Art umgeben, von Leuchtreklamen, Laserstrahlen und Straßenbeleuchtung. Sie lassen uns nicht mehr erfahren, was der Sieg des Lichtes über die Dunkelheit im Mittelalter bedeutet hat.

Erst das Licht, so schrieb der französische Abt Suger von St. Denis, mache einen Raum wirklich ›schön‹. Und mit dem ›wahren Licht‹ ist in der christlichen Theologie wie in den meisten Religionen bis heute Gott gemeint. So geht es bei der Idee der Gotik auch immer darum, die Anwesenheit Gottes in der Kirche durch das Licht zu vergegenwärtigen und auf Erden einen Eindruck von der jenseitigen, der himmlischen Schönheit vorwegzunehmen.

Verbindung von Kaufmannsstolz und Glauben

Der entscheidende Unterschied zwischen der mystischen Raumwirkung französischer Kathedralen und der zuweilen etwas kühler anmutenden, späteren Backsteingotik besteht in der Behandlung von Baumassen, Fensteröffnungen und Licht. Wie feste Bollwerke scheinen die Kirchen an der Küste dem rauhen Klima, den Stürmen und dem Meer zu trotzen. Die bürgerlichen Bauherren am Meer betonten mit den Backsteinbauten die Mächtigkeit und Dauerhaftigkeit. Die Feinsinnigkeit erschließt sich über die überaus kunstsinnigen Ausstattungsstücke: die in manchen Kirchen bis heute erhaltenen mittelalterlichen Altäre, Sakramentshäuser, Gestühle, Skulpturen und Grabmäler.

Die Bauherren und Geldgeber waren handfeste Bürger, Handwerker, Händler, Fischer und Seeleute, die mit dem wechselvollen Wetter und dem Meer lebten. ›Rauh, aber herzlich‹, so dürfte schon damals manch zartbesaiteter Feingeist über die selbstbewusste Bürgerschaft der Hansestädte geseufzt haben. Die Bürger hatten sich zuvor das Land erobert, hatten die ansässigen Slawen vertrieben und mussten sich eine eigene, neue Identität schaffen. Es waren bodenständige Kaufleute, die die mächtigen Kolosse finanzierten, und sie wollten etwas sehen für ihr hart verdientes Geld.

Konkurrenzdenken in der Höhe der Türme zwischen den Städten und Zünften – vielleicht vergleichbar mit dem Hochhauswetteifern der Banken und Versicherungen – hat sich an der Ostseeküste gegenüber dem feingliedrigen, höchst komplizierten Formenrepertoire der französischen und englischen Kathedralgotik durchgesetzt. Die Stadtbilder der norddeutschen Städte spiegeln bis heute die untrennbare Symbiose zwischen Bürgerkultur und christlichem Alltag wider, die das Leben im Mittelalter in allen Bereichen durchzog.

Die Grundlage für den Wohlstand der Küstenstädte lieferten die natürlichen, reichen Fischbestände der Ostsee. Die riesigen Heringsschwärme im Strelasund zwischen Rügen und Stralsund zogen jahrhundertelang Fischer und Händler an, weil der gesalzene Hering im Mittelalter als lange haltbare Fastenspeise unverzichtbar war.

PRINZ CAR

Die hansische Variante der Gotik

Schnell verbreitete sich der Baustil des französischen Königshauses. Diese später als ›gotisch‹ bezeichnete Bauweise forderte zu immer kühneren Konstruktionen heraus. In der aufstrebenden Handelsstadt Lübeck setzten die Stadtherren mit der Marienkirche neue Maßstäbe. Diesen ›Prototyp‹ einer backsteinernen Basilika versuchten seitdem mehr als einhundert Stadtkirchen entlang der Ostsee zu übertreffen.

Fast überirdisch schöne Klänge scheinen den Raum schwerelos zu machen, wechselnde Beleuchtung rückt die Musiker in mystische Sphären, und der ›Stress‹ dieses normalen Arbeitstages fällt wie von selbst von den träumenden Konzertbesuchern ab. Was haben die Empfindungen eines entspannten Musikhörers heute mit gotischen Kirchen von damals zu tun?

Bei aller Verschiedenheit des Erlebens kann die Vergegenwärtigung des eigenen Empfindens in besonderen Situationen für einen kurzen Moment die Brücke über acht Jahrhunderte schlagen. Gemeint ist die Verständnisbrücke zwischen dem schnellen, unbeteiligten Blick im Vorübergehen, jenem suchenden Blick des 21. Jahrhunderts nach Bildern, durch die Digitalkamera hindurch auf Kunstwerke der Vergangenheit. Und auf der anderen Seite dem vom Glauben an eine Glaubens-Wahrheit durchdrungenen Blick, dem Schauen in heiligen Räumen, die mit Zeugnissen des Glaubens ausgestattet waren. In der damaligen Welt vermittelte der Raum in einer Backsteinkirche immer ein aus dem Alltag herausgehobenes besonderes Erleben.

Was die Erbauer der Kirchen damals empfanden, lässt sich allenfalls erahnen oder projezieren. Hilfreich ist dennoch das Wissen darum, dass die Räume, die sie uns hinterließen, für sie etwas Anderes bedeuteten, und man sie damals anders benutzte. Ob wir den mittel-

alterlichen Umgang rückblickend als heiliger oder profaner bewerten, ist nicht wichtig. Jenseits davon bleibt die Feststellung, dass die Erbauer der Kirche nicht auf den kühlen Blick, sondern mit allen gestalterischen Mitteln auf Empfindungen abzielten. Ein mittelalterlicher Kirchenraum soll immer etwas bewirken, er soll das Gemüt ergreifen. Oder modern formuliert, er soll in einen Dialog mit dem Menschen treten. Es geht nie um Alltag, sondern immer um das Besondere.

Mit Sicherheit schaute ein Bürger im 13. Jahrhundert anders. Wer im mittelalterlichen Lübeck über gepflasterte Straßen zwischen Giebelhäusern zu Fuß zum Marktplatz ging, nahm Stadtraum anders wahr als ein Mensch, der sich tagtäglich im Stau, im Auto sitzend und Radio hörend, zur Arbeit in eine andere Stadt begibt. Der mittelalterliche Mensch bemerkt sehr wohl die Maßstabssprengung, wenn sich unvermittelt hinter dem Markt eine gotische Stadtkirche vor ihm erhebt, die die gesamte Stadt einschließlich des Rathauses um ein Mehrfaches überragt. Wie aber kann es uns, die wir durch das Fliegen den Blick von oben lange schon gewöhnt sind, mit einer Fülle im Kopf gespeicherter Bilder möglich werden, die das Leben durchdringende Bedeutung einer gotischen Stadtkirche wie St. Marien nachzuvollziehen?

Bereits die Form der gotischen Großbauten legt nahe, dass es bei Räumen von nicht selten hundert Metern Länge und mehr als dreißig Meter hohen Innenräumen um etwas anderes geht als um funktionstüchtige Versammlungsräume.

Ein Innenraum wie der von St. Marien will wirken, beeindrucken, einschüchtern und wieder erheben, entrücken und wieder zurückwerfen, verwirren. Im Unterschied zu romanischen Kirchen sind gotische Räume Illusionsarchitektur. Die Gotik spielt optisch mit den Gesetzen der Schwerkraft, sie strebt immer höhere Türme und Innenräume bei immer dünneren Wänden und Pfeilern an. Sie strapaziert die natürlichen Eigenschaften der Materialien Backstein und Glas bis an ihre Grenzen. Gelegentlich führte dies zu Gewölbe- und Turmeinstürzen noch während der Bauzeit, allerdings viel seltener, als es uns spätere Ge-

Lübecks Symbole für eine folgenreiche Verbindung von geistlicher und weltlicher Macht: Das Rathaus übernimmt sakrale Schmuckformen von St. Marien, der Kirche des mächtigen Stadtrates.

Der Blick von Ost nach West (oben) zeigt die baulichen Merkmale, die St. Marien von französischen Kirchen übernommen hat: Das hohe Mittelschiff überragt, von Obergadenfenstern belichtet, die Seitenschiffe und den Umgangschor. Zwischen den Fenstern setzen die Strebebögen an, die den Schub der Gewölbe nach außen auf die Strebepfeiler ableiten. Die Chorscheitelkapelle wirkt wie ein eigenständiger Baukörper. Zugleich veranschaulicht das Bild links die Größenverhältnisse zwischen St. Marien als Kirche des Rates und dem vergleichsweise winzigen Rathaus.

St. Marien in Lübeck: Blick vom Mittelschiff nach Osten in den gotischen Chor mit Chorumgang.

schichtsschreiber über die mittelalterliche Baustelle glauben machen wollen. Man hatte damals eben Erfahrungswerte und einen engen Bezug zum praktischen Bauen.

Größer, höher, raffinierter, reicher – das war die Absicht der Bauherren und Geldgeber. Wer heute dieses Wetteifern unter den hansestädtischen Großbauten belächeln möchte, verkennt die existentielle Bedeutung, die ein Kirchenbau vor der Reformation für das Leben in der Stadt hatte. Kaum ein Tag verging im mittelalterlichen Lübeck, an dem nicht festliche Prozessionen von einer Kirche in die nächste zogen, Heilige gefeiert, Empfänge des Rates, Mysterienspiele und mehrere Messen gleichzeitig in St. Marien abgehalten wurden. Die Reduzierung auf eine einzige Nutzung, für Gottesdienste, gibt es erst seit der Reformation.

Bis dahin ging man in die Kirche, um Sänger und Instrumente zu hören, um Gold und Edelsteine zu bewundern, um aufregenden Geschichten zu lauschen, um sich von feierlichen Düften umfangen zu lassen. Um sich die Geschichten auf Bildern zu vergegenwärtigen, um darüber zu staunen, dass die riesigen leuchtenden Fensterflächen auf den Wänden und dem Fußboden farbige Effekte abbildeten. Um mit den Schauspielern der biblischen Geschichten zu leiden, um Statuen in die Gewölbeöffnungen hineinschweben zu sehen, um prachtvolle Seidenstoffe, Wandteppiche und Fahnen zu bewundern, kurz: Um sich von all jenem berühren zu lassen, das sich vom Alltag unterschied und zum Glauben verhalf.

Ob man in St. Marien einen Gottesdienst erlebt oder die Baugeschichte analysiert – unser heutiger Blick hat kaum etwas mit dem ursprünglichen Gebrauch zu tun, für den diese Kirche einst errichtet wurde. Für diese Nutzungsvielfalt war den Bürgern von Lübeck die beste Architektur gerade gut genug, und sie experimentierten auf der Baustelle so lange, bis sie eine Gestalt fanden, die St. Marien gleichsam als Mutterkirche der Backsteingotik und bauliches Vorbild für alle Nachfolger an der Ostsee berühmt machte.

Während der Außenbau des Chores von St. Marien in schweren, blockhaften Formen ausgeführt wurde, ist der Innenraum durch schlanke Fensterbahnen, Maßwerk, Bündelpfeiler und Gewölberippen optisch aufgelöst. Die Raumwirkung der Marienkirche beeindruckt durch ihre Proportionen von Höhe zu Raumbreite: Das Mittelschiff ist mehr als 38 Meter hoch, das des Domes hingegen misst ›nur‹ 22,5 Meter. Mit dieser Steilheit orientiert sich die Marienkirche an den Proportionen französischer Kathedralen, deren Höchste in Beauvais mehr als 48 Meter erreicht. Die Nähe zum zeitgleich erbauten Kölner Domchor ist offensichtlich. Kaum vollendet, wurde die ›lübische‹ Chorlösung von St. Marien von den Ostseestädten bis nach Riga und Malmö kopiert.

Der helle Raumeindruck des Chores und der Kapellen entspricht heute jedoch nicht mehr den mittelalterlichen Lichtverhältnissen, die durch eine vielfarbige Fensterverglasung gedämpfter wirkten. Dennoch war die Atmosphäre in St. Marien auch damals weniger geheimnisvoll und schummrig als bei den französischen Vorbildern in Soissons, Quimper oder Tournai. In den Stadtkirchen an der Ostsee spürt man immer, dass man sich in einer von Seefahrt, Handelsmonopolen und rauhem Küstenklima geprägten Kaufmannsstadt aufhält. Den bürgerlichen Geldgebern der Kirchen ging es offensichtlich weniger um theologisch ausgefeilte Symbolhaftigkeit als um imposante Baukörper.

In 130 Jahren dreimal umgebaut

Die Sonderstellung der Marienkirche wird überdies durch ihre erstaunliche Baugeschichte deutlich. Dieser 103 Meter lange Bau wurde, kaum vollendet, größtenteils abgetragen – um gleich darauf wieder neu aufgebaut zu werden. Mehr noch: Dieses ›Spiel‹, das für die Bauherren gewiss keines war, sondern ein Vermögen verschlang, wiederholte sich dreimal. St. Marien wurde in 130 Jahren dreimal umgebaut. Warum? Man kann es bis heute nicht genau nachvollziehen, weil es den Lübecker Bürgern damals offenbar so selbstverständlich erschien, dass sie außer dem Gebäude selbst und Rechnungen über große Mengen von Backsteinen und Holz nichts Schriftliches über diesen baulichen und finanziellen Kraftakt mitten in ihrer Stadt hinterließen.

Schade. Denn wie sollen wir, die wir in Kosten-Nutzen-Rechnungen zu denken gelernt haben, begreifen, dass die schnellebigen Moden der Bautypen ›Basilika‹ und ›Halle‹ für die damaligen Bürger – ebenso wie für die Domherren – so entscheidend waren, dass sie keine Kredite, Stiftungen und Mühen scheuten, um

Bild rechte Seite: An die westlichen beiden Joche des südlichen Seitenschiffs von St. Marien schließt sich eine besondere Kapelle an, deren aufwendiges spätgotisches Sterngewölbe englischen Vorbildern folgt. Zunächst ›Marienkapelle‹, später ›Annenkapelle‹ und seit der Reformation ›Briefkapelle‹ genannt, verweist der jüngste Name auf die nachreformatorische Nutzung der Kapelle durch öffentliche Schreiber. Die Briefkapelle wurde zeitgleich mit dem Südturm, ab 1310, gebaut.

Das untere Bild zeigt das Panorama an der Obertrave mit den Türmen von St. Petri, St. Aegidien und dem Dom. Neben der Hansestadt Köln gehörte Lübeck im Mittelalter zu den größten und reichsten Handelszentren in Europa.

der neuesten Mode zu folgen. Die Bischöfe konkurrierten als geistliche Macht mit den bürgerlichen Emporkömmlingen, unter denen durchaus auch viele Adelige zu finden waren. Der Dom der einen und die Stadtkirche der anderen befanden sich zur gleichen Zeit im Bau, nur einige hundert Meter voneinander entfernt. Bis heute ist schwer nachvollziehbar, wer bei den mehrfachen Planwechseln von Dom und Marienkirche von wem abschaute. Offenbar war es ein Geben und Nehmen. Klar ist, dass das Wetteifern nur durch den wirtschaftlichen Aufschwung der Stadt Lübeck möglich wurde.

Basilika oder Halle?

Die Unterschiede zwischen Basilika und Halle mögen manchem heute spitzfindig erscheinen; sie sind aber folgenreich: Die Basilika war bis Anfang des 13. Jahrhunderts die bekannte romanische Bauform, seit der Antike tradiert, aus einem Langhaus bestehend, das von zwei niedrigeren Seitenschiffen begleitet wird. Belichtet wird ein basilikaler Raum nicht nur von Fenstern in den Seitenschiffen, sondern auch von oben, durch die sogenannten Obergadenfenster des Langhauses. Bei Hallenkirchen dagegen haben alle durch Arkaden geschiedene Schiffe die gleiche Deckenhöhe. Die Folge ist, dass es keine Obergadenfenster geben kann und die Halle nur durch die Seitenschiffenster Tageslicht erhält.

Da eine Halle konstruktiv einfacher und preisgünstiger zu errichten war, verbreitete sich die Bauform schnell, insbesondere bei den neuen Stadtkirchen in Westfalen. Anfang des 13. Jahrhunderts kam es in den Küstenstädten zu einem von der Literatur als ›Hallenrausch‹ beschriebenen Umbaueifer. Man baute unter dem Einfluss der westfälischen Siedler, denen die Hallenform vertraut war, manche soeben fertiggestellte Basilika unter erheblichem Risiko zur Halle um. Zu den heute erhaltenen, in diesem Buch dargestellten Hallenkirchen zählen die Marienkirchen in Greifswald, in Neubrandenburg und Prenzlau. Bei einer basilikalen Bauform ist es nicht möglich, derartige Schmuckgiebel zu bauen.

Das Holstentor ist das Symbol für die Hanse schlechthin. In der zweiten Hälfte des 14. Jahrhunderts, als St. Marien und der Dom ihre endgültige Form erhalten hatten, entwickelte sich die charakteristische, lübisch-skandinavische Kunstlandschaft. Lübeck wurde für den Export von Altären bekannt. In diese Zeit fallen auch die letzten Großbauten des Stadtrates, der das Rathaus, das Burgtor und das als Wahrzeichen Lübecks bekannte Holstentor errichten ließ. Links im Bild ragt die Doppelturmfassade von St. Marien heraus, rechts hinter den Häusern der Turm von St. Petri.

Der Umbau einer Basilika zur Halle war statisch äußerst riskant und verschlang ganze Wälder für Gerüste und Stützhölzer, weil eine gewölbte Basilika ohne Seitenschiffe, auf die der Gewölbeschub des Mittelschiffes abgeleitet wird, einstürzt. Dennoch war es das Ziel, die basilikalen Seitenschiffe vorsichtig abzubrechen und die niedrige Mittelschiffarkade sowie die Obergadenwände abzutragen, um die Arkaden und Mauern auf die Höhe des Mittelschiffs zu bringen.

Vor diesem zeitlichen und riskanten Aufwand wirkt das mehrfache Hin und Her am Lübecker Dom und an St. Marien schwer verständlich. Um 1200 waren beide Kirchen – nachdem man den hölzernen Vorgängerbau von St. Marien abgerissen hatte – als romanische Basilika geplant und begonnen worden, üblicherweise von Osten nach Westen, damit der Chor als wichtigster Raumteil möglichst bald genutzt werden konnte. 1247 wurde der Domchor – für die Romanik recht spät – geweiht, doch um 1250/57 war man in St. Marien so weit, dass man das Langhaus als Halle zu errichten gedachte, worauf die Domherren ihren einfachen Chor ab 1266 zum dreischiffigen gotischen Hallenchor mit Umgang und Kapellenkranz umbauten, den sie trotz längerer Bauunterbrechung tatsächlich bis 1330 fertigstellen konnten. Fortan sollte der Dom eine Hallenkirche bleiben.

Anders St. Marien, denn zu diesem Zeitpunkt hatten die Bürger ihre Vorstellung längst wieder geändert und begannen mit einem nahezu vollständigen Austausch der Backsteine, indem sie an ihr dreischiffiges Hallenlanghaus seit 1265 in rund zwanzigjähriger Bauzeit einen neuen basilikalen Chor anfügten. Danach erschien ihnen das hallenförmige Langhaus nicht mehr passend, so dass sie es wieder abbrachen und bis 1337 ein basilikales Langhaus errichteten. Etwa eine Generation später, 1351, wurde die Westfassade vollendet, die mit den beiden Türmen von 125 und 126 Metern (einschließlich der etwas jüngeren Turmhelme aus dem Jahr 1357) bis zur Fertigstellung des Kölner Domes 1880 die höchste Doppelturmfassade Europas bleiben sollte.

Vereinfachung des schwebenden Raumes

Der heutige Chor ist damit älter als das Langhaus von St. Marien, so dass der Innenraum anschaulich den für die Backsteingotik bezeichnenden geschmacklichen Wechsel wiedergibt, der an den spätgotischen Backsteinkirchen wie St. Marien in Stralsund oder auch St. Georgen in Wismar stattgefunden hat. In der Spätgotik geht es um die Vereinheitlichung des Raumes, die Reduzierung der kleinteiligen Schmuckformen zugunsten einer geschlossenen Gesamtform mit einem größeren Volumen.

Wenn man die Gotik als entmaterialisierte, schwebende, überirdische Illusions-Architektur beschreiben will, so gilt dies für die Backsteingotik und insbesondere für die spätgotischen Kirchen an der Küste nur noch bedingt. Jene ›Diaphanie der Wand‹, der Leichtigkeit vortäuschende, sehr hohe Innenraum, der eine nicht-irdische, himmlische Sphäre abbilden soll, wird im 14. und 15. Jahrhundert offenbar nicht mehr gewünscht. Stattdessen bevorzugen die bürgerlichen Bauherren nunmehr die Wirkung eines großen, aber sehr klar strukturierten Raumes mit kräftigen Mauern und Pfeilern, deren Flächenhaftigkeit optisch nicht mehr von Diensten aufgelöst ist. Das führt im 19. Jahrhundert etwa dazu, dass in Stralsund Karl Friedrich Schinkel dem Rat Umbaupläne für die damals als zu ungegliedert empfundene Marienkirche macht, damit sie ›gotischer‹ wirkt.

Zugespitzt formuliert, drückt die Entwicklung im Laufe der backsteinernen Spätgotik eine – wohl nicht bewusste – Abkehr von der theologisch begründeten Bauidee des 12. Jahrhunderts aus. Der spirituelle Raum, der gemäß der neoplatonischen Lehre ein Ausdruck der Hoffnung auf ein Leben nach dem Tode, ein

Der Lübecker Dom (hier von Südosten) zeigt sich mit 125,3 Metern Länge als eine außergewöhnlich langgestreckte Gesamtanlage mit einem Querhaus und einem langen Hallenchor. Der Chorumgang mit Kapellenkranz wurde nicht basilikal, sondern als Halle ausgeführt.

Die Bezeichnung ›Dom‹ meint, dass es sich um die Bischofskirche oder ›Kathedrale‹ handelt. Die gotischen Backsteinkirchen werden wegen ihrer Größe oft als ›Kathedralen‹ bezeichnet, sind aber, mit Ausnahme von Schwerin, Ratzeburg und Lübeck, keine Bischofssitze.

Das Heiligen-Geist-Hospital, ein frühes Beispiel der Armenfürsorge, ist eines der von der Deutschen Stiftung Denkmalschutz geförderten Bauwerke in Lübeck. Mit ihrem Engagement will die Stiftung ihren Teil zur Bewahrung des UNESCO-Welterbes beitragen.

vorweggenommenes Abbild des Himmlischen Jerusalem verkörpern sollte, entwickelte sich im Laufe mehrerer Generationen in den Hansestädten eigenständig weiter. Aus dem intellektuellen Kunstwerk gebildeter Theologen des 12. Jahrhunderts, aus dem Abbild vielschichtiger philosophischer Ideen, dem komplizierte Zirkelschläge und zahlensymbolische Planungen zugrunde lagen, entstand im Ostseeraum eine regional verwurzelte bauliche Audrucksform. Die Bauherren der Stadtpfarrkirchen waren nicht Theologen, sondern zu Wohlstand gelangte Ratsherren und Zünfte, die in der handfesten materiellen Welt des Handels und der Seefahrt zu Hause waren. St. Marien und der Dom in Lübeck bildeten den Anfang einer baulichen Metamorphose, die später sehr kraftvolle eigenständige Lösungen wie St. Marien in Rostock oder St. Marien in Stralsund hervorzubringen vermochte.

Dass die gotischen Kirchen aber heute überhaupt als etwas ›Schönes‹ wahrgenommen werden, ist nicht selbstverständlich. Immerhin galten seit der Renaissance die antiken Tempel und Statuen als Inbegriff von Schönheit. So setzt denn auch die Rezeptionsgeschichte der gotischen Architektur offiziell erst mit Johann Wolfgang von Goethe ein. Im zarten Alter von 23 Jahren stand der junge Dichter vor dem Straßburger Münster und ließ sich von der Kompliziertheit und dem Reichtum der Fassade bezaubern. Seiner Bewunderung verlieh er in seiner anonymen Flugschrift ›Von teutscher Baukunst‹ 1772 schriftlichen Ausdruck – und schuf damit zugleich ein neues Missverständnis, weil er die Gotik des Straßburger Münsters als ›deutschen‹ Stil bezeichnete. Goethe schwärmt: »Mit welcher unerwarteten Empfindung überraschte mich der Anblick, als ich davor trat. Ein ganzer, großer Eindruck füllte

meine Seele, den, weil er aus tausend harmonirenden Einzelheiten bestand, ich wohl schmecken und genießen, keineswegs aber erkennen und erklären konnte.« Goethe äußert hier ganz offen, dass ihn der Anblick ergriffen und begeistert hat, er aber nicht beschreiben kann, warum das so ist. Er bemerkt, dass die vielen verwirrenden Einzelelemente einem größeren Gesamtplan unterliegen und sich die kleinen Formen (also die Fialen, Wimperge und das Maßwerk) in den großen wiederholen. Viel später beschreiben Kunsthistoriker diese Merkmale als das ›Prinzip der übergreifenden Form‹, das als ein Gestaltungsmerkmal der Gotik gilt.

Weiter schwärmt Goethe von den »großen, harmonischen Massen, zu unzählig kleinen Theilen belebt; wie in Werken der ewigen Natur, bis aufs geringste Zäserchen, alles Gestalt, und alles zweckend zum Ganzen; wie das festgegründete ungeheure Gebäude sich leicht in die Luft hebt; wie durchbrochen alles und doch für die Ewigkeit.«

Für die von Goethe beschriebene Leichtigkeit des gotischen Raumes fand der Kunsthistoriker Hans Jantzen 1927 den Begriff ›diaphane Struktur‹. Diesen Eindruck der Schwerelosigkeit erreichten die Baumeister in der Gotik, indem sie, im Unterschied zur Romanik, einen Skelettbau mit großen Fensterflächen errichteten, bei dem nicht die Mauern im Innenraum die Lasten tragen, sondern das Gewicht der Steine und der Druck der Spitzbögen und Gewölbe nach außen auf das Strebewerk abgeleitet wird. Diese Bauweise ermöglichte es, die Mauern im Innenraum wegzulassen und statt ihrer hohe Pfeiler und große Fenster zu bauen, um optisch mit der Schwerelosigkeit zu spielen.

Der Bauhistoriker und Architekt Günther Binding brachte es so auf den Punkt: »Im Verhältnis zu der technischen Konstruktion ist die sichtbare Architektur der Kathedrale eine Illusions-Architektur.« St. Marien in Lübeck avancierte zum Prototyp einer gotischen Kirche in Backsteinbauweise.

Am Lübecker Dom spürt man noch die ausklingende Romanik. Eines der ältesten Bauteile (um 1254) ist die nördliche Vorhalle, auch Paradies genannt, die von Formen der rheinischen Romanik beeinflusst wurde. Diese Vorhalle ist heute allerdings stark von der Restaurierung des 19. Jahrhunderts geprägt.

Der Stoff, aus dem die Gotik ist

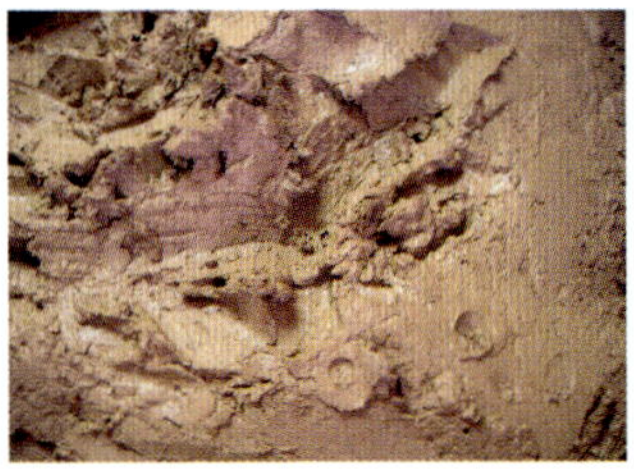

Erde ist das Material, aus dem die Küstenstädte gebaut sind. Um passgenaue Formsteine herzustellen, werden die Tonballen in Holzformen gedrückt oder die Formen über die Ballen gestülpt. Die Holzformen müssen zuvor in Wasser eingeweicht und aufgequollen sein.

Erhaben, still und würdig – so empfinden wir die großen Bauleistungen der norddeutschen Backsteingotik. Laut, schmutzig und schweißtreibend dagegen ist bis heute die Herstellung der von Hand gefertigten Backsteine. Sie bilden den Stoff, aus dem die Römer in der Antike ihre Städte mit Palästen, Tempeln und Badeanlagen bauten, und die mittelalterlichen Baumeister ihre Rat- und Bürgerhäuser, Kirchen und Klöster mauerten. Der wesentliche Unterschied bestand darin, dass die Römer ihre Backsteinmauern meist noch mit Marmor verblendeten.

Nur eine Handvoll Ziegeleien produziert in Deutschland noch traditionell, meist für die Denkmalpflege oder für exklusive Bauvorhaben. Ein handgestrichener Backstein kann vier Euro kosten, je nach Menge und Qualität können die Preise aber erheblich schwanken. Die Bauindustrie verlangt nach preisgünstigeren Kunststeinen, die einfacher und schneller zu verarbeiten sind. Oft werden vorgefertigte Klinkerplatten vor die Stahlbetonkonstruktionen oder die in Leichtbauweise gemauerten Fertighäuser geblendet. Nur feinsinnige Materialbesessene erlauben sich noch – oder wieder – den Luxus einer Mauer aus handgestrichenen und einzeln versetzten Backsteinen. Jeder Stein ist anders. Jeder hat eine andere Oberflächenstruktur, die im Licht unterschiedlich reflektiert und einen unvergleichlichen Charme austrahlt. In der Denkmalpflege wird man nie auf maßgefertigte Backsteine verzichten können, da bei einem gotischen Portal oder Fenster oft jeder Formstein ein eigenes Format aufweist.

Für manche Arbeiten werden wohl immer Menschen nötig sein, die bei Lärm, Hitze und hoher Luftfeuchtigkeit die kiloschweren Lehmballen wuchten. Meist kommen diese

Einfache Rohlinge aus Ton sind mit Hilfe von Holzformen kinderleicht herzustellen. Das ist wichtig, da man im Mittelalter Millionen von Steinen brauchte. Um aber die komplizierteren Steine für Gewölberippen oder Türlaibungen herzustellen, waren Fachleute mit Geschick und Erfahrung gefragt.

Alle Rohlinge müssen gut an der Luft trocknen, bevor sie später in Brennkammern gestapelt und gebrannt werden. Die Eingänge der Brennöfen werden zugemauert, und die Backsteine bleiben drei Wochen in der Brennkammer. Zehn Tage wird aufgeheizt, zwei Tage sind die Steine unter Feuer und zehn Tage lang kühlen sie langsam ab.

Lehmballen geknetet und grob portioniert vom Fließband. Die ›Handstreicher‹ formen sie, indem sie – wie seit der Mitte des 12. Jahrhunderts üblich – rechteckige Hartholzrahmen mit zwei Handgriffen darüber pressen. Diese Holzrahmen schwimmen vorher lange in Wasserwannen, damit sie einweichen und aufquellen. Mit einem kräftigen Ruck werden die Tonballen auf Unterlagen aus den Rahmen geschlagen, damit sie antrocknen. Dieser Vorgang erinnert unwillkürlich an vorweihnachtliches Plätzchenbacken, hier jedoch mit kiloschweren Teigballen.

Aus den viereckigen Rohlingen entsteht nach der Trocknung entweder ein normaler Backstein, oder ein mit Hilfe von Schablonen und einem Schneidedraht individuell zurechtgeschnittener Formstein. Je nach benötigter Steinmenge kann man diese Formsteine auch mit Hilfe von Holzformen herstellen.

Der Backstein als Modul

Die Methode, einen maßgefertigten Stein wie beispielsweise ein Stück Fenstermaßwerk herzustellen, ist mit der Arbeit eines Steinmetzen vergleichbar, der für jedes noch so feine Bauteil zunächst einen exakten rechteckigen Quader hauen muss. Hier wie dort wird Material abgearbeitet. Hier schneidet der Ziegler aus der weichen Masse Ton heraus, während der Steinmetz beim Naturstein von einem hartem Steinmaterial Brocken weghaut. Mit Geschick und Geduld kann der Steinmetz auf diese Weise aus einem einzigen Quader feine dreidimensionale Maßwerkformen herausarbeiten, während der Bauschmuck bei Backsteinbauten durch die Reihung eines begrenzbaren Grundrepertoires geschaffen wird. Der einzelne kleinteilige Stein bildet das Modul für die Backsteingotik. Diese Kleinteiligkeit erlaubt es, Steine auch über Eck oder spiegelverkehrt zu versetzen und allein durch die Mauertechnik eine große Formenvielfalt zu erreichen. Kompliziert aussehende Motive wie etwa der Kreuzbogenfries oder das Deutsche Band bestehen aus einigen wenigen einfachen Formsteinen.

Die um die Mitte des 12. Jahrhunderts aufkommende Backsteinherstellung mit einem Holzrahmen ermöglichte es, einen regelmäßigen Verband zu mauern, der allein durch die Verzahnung schon eine Stabilität der Mauer erreicht. Jeder regelmäßig vermauerte Backstein hat somit zwei Lagerflächen, zwei Läuferseiten und zwei Kopfseiten. Als ›Läufer‹ bezeichnet man die Steine, die mit ihrer Langseite in der Mauerflucht liegen. ›Binder‹ oder ›Köpfe‹ heißen jene Steine, die mit der Kopfseite an der Mauer zu sehen sind. Beim sogenannten ›gotischen‹ oder auch ›Klosterverband‹ wechselt in jeder Backsteinschicht ein Binder mit zwei (oder seltener drei) Läufern, wobei der Läufer mittig über dem Binder der unteren Schicht liegt. Bei der zweiten verbreiteten Mauertechnik der Gotik, dem ›Wechsel-‹ oder ›Wendischen Verband‹, wechselt jeweils ein Läufer mit einem Binder.

Normalerweise wird eine gotische Kirche an der Ostsee vollständig aus Backsteinen gemauert. Dabei bemühte man sich, die guten Steine sichtbar und die schlechteren oder den Bruch im Inneren zu vermauern. Seltener findet man die seit der römischen Zeit bekannte Zweischaligkeit mit einem ausgegossenen Schalenmauerwerk.

Heute sind Backsteine genormt, so dass die benötigte Menge europaweit genau berechnet werden kann. In der Gotik waren die ›Klosterformate‹ nicht nur von Ort zu Ort, sondern von Baustelle zu Baustelle verschieden. Sie mussten keinen DIN-Normen entsprechen, sondern praktisch sein. Die mehr als sieben Kilo schweren Klosterformate des Lübecker Doms beispielsweise messen 29 × 14 × 10 cm, während die am Heiligen-Geist-Hospital vermauerten, etwa ein Kilo leichteren Steine 28 × 13,5 × 9 cm betragen. Wichtig war, dass der Maurer vor Ort den Backstein als sogenannten Einhandstein mit einer Hand greifen und versetzen konnte, um die andere Hand für Kelle und Mörtel frei zu haben.

Backsteine werden heute fälschlich auch ›Ziegel‹ genannt. Aber streng genommen ist ein ›Ziegel‹ (lat. ›tegula‹) ein aus gebranntem Ton hergestellter Dachziegel, wie ein Biber oder eine Pfanne. Ein Backstein (lat. ›later‹) hingegen ist ein aus Ton oder Lehm geformter, meist rechteckiger Baustein, der im Unterschied zu den an der Luft getrockneten Lehmziegeln durch Brennen gehärtet und wetterfest gemacht ist. Die Farbe des Backsteins hängt von der chemischen Zusammensetzung des Rohmaterials und von der Brenntemperatur ab. Man kann dem Backstein auch durch nochmaliges Brennen mit farbigen Glasuren eine Farbe geben.

Wenn über die zum Trocknen ausgelegten Rohlinge ein Tier läuft, entsteht ein Abdruck im späteren Backstein, wie man ihn recht häufig finden kann.

Das untere Bild zeigt, wie stark ein Rohling aus Ton während der Trocknung schrumpft.

Die Bilder auf der linken Seite zeigen unterschiedliche Schablonen und Formen, mit denen kompliziertere Steine für Profile und Dienste hergestellt werden können.

Die Baukunst der Mönche

Wer die Region der Backsteingotik im nordöstlichen Deutschland bereist, begegnet immer wieder Klöstern, vor allem den Klöstern der Zisterzienser. Sie waren ganz wesentlich daran beteiligt, das Bauen mit Backsteinen zu verbreiten. Sie rodeten und bebauten das Land. Nie zuvor und nie wieder danach wurden in Westeuropa so viele Klöster gegründet. Es war eine Zeit des Aufbruchs, in religiöser, politischer und gesellschaftlicher Hinsicht.

Rechte Seite: Zisterzienserkloster Chorin, Kreuzgang.

Folgende Doppelseite: Kloster Chorin, Außenportal des Pfortenhauses, Westfassade der Klosterkirche.

Robert von Molesme konnte es nicht mehr ertragen: Das war nicht seine Auffassung von Gottessuche und klösterlichem Leben. Zu viele theologische Studien, zu wenig geistliche Besinnung, zu üppiges Leben, viel zu wenig körperliche Arbeit. Nein, er und seine Mitbrüder lebten nicht mehr nach der Ordensregel des Heiligen Benedikt von Nursia. Er wollte als Mönch in Armut leben, aber die Gemeinschaft seines Benediktinerordens war längst unermesslich reich geworden. Um Klarheit zu bekommen, flüchtete Robert von Molesme 1075 in die Einsamkeit, immer tiefer in die Wildnis Burgunds, bis in die Sümpfe von Cîteaux. So zumindest erzählt es die Legende um die Klostergründung.

Robert von Molesme war mit 16 Jahren dem Benediktinerorden beigetreten. Als er mit der verweltlichten Lebensart seines Ordens nicht mehr zurecht kam, rief er 1075 eine eigene Klostergemeinschaft in Molesme ins Leben. Rund 23 Jahre später – man vermutet, nach inneren Auseinandersetzungen in der jungen Gemeinschaft – gründete der inzwischen über 70-jährige Robert 1098 ein weiteres Kloster, dessen Gemeinschaft nach dem Gründungsort Cîteaux später Zisterzienser genannt wurde. Robert starb als erster Abt der Zisterzienser im Jahr 1111.

Mit ihrer asketischen Lebensweise trafen die Zisterziensermönche den Nerv der Zeit. Dieser benediktinische Reformorden wirkte auf die Menschen des 12. Jahrhunderts mit einer derartigen Überzeugungskraft, dass bis zum Ausgang des Mittelalters mehr als 1500 Klöster in Europa entstanden. Allein in Deutschland und den angrenzenden slawischen Ländern existierten rund 140 Männer- und 300 Frauenklöster, darunter in Mecklenburg-Vorpommern so bekannte wie Doberan (vgl. S. 66), Dargun oder der erste Nonnenkonvent in Neukloster.

Das älteste Kloster auf deutschem Boden entstand im Jahr 1123 in Camp am Niederrhein. Besiedelt wurde es von Mönchen aus dem französischen Morimond, einem Kloster, das neben La Ferté, Pontigny und Clairvaux eines der vier ältesten Tochterklöster von Cîteaux war.

Eine überragende Rolle für die Verbreitung des zisterziensischen Geistes sollte eine Generation später Bernhard, der Abt von Clairvaux (1090–1153) spielen, der wie der Ordensgründer Robert von Molesme später heiliggesprochen wurde. Bernhard von Clairvaux war eine überaus streitbare und umstrittene Persönlichkeit. Als Mönch predigte er Askese, und als ›Ritter‹ den Kampf gegen alle Nicht-Christen. Krieg war für den Gottesmann durchaus zu rechtfertigen, wenn er »von Gott gewollt« war. Mit dem überzeugten Ruf »Deus vult!«, »Gott will es!« hatte schon zu Robert von Molesmes Lebzeiten 1095 Urban II., der Papst persönlich, auf dem Konzil von Clermont zum Ersten Kreuzzug aufgerufen und damit brutale Verfolgungen der jüdischen Bevölkerung durch ihre christlichen Nachbarn ausgelöst. Derselbe Papst war es, der Robert von Molesme stets darin bestärkte, in seinen Reformen fortzufahren. Der ehrenhafte Reformgedanke der Zisterzienser und der päpstliche Aufruf, im Zeichen des Kreuzes das Schwert gegen die vermeintlich Ungläubigen zu ziehen, haben einen inneren Zusammenhang. Die feudale Gesellschaft Europas war im Begriff, sich völlig umzustrukturieren und war anfällig für Verführungen, die ein besseres Leben nach dem Tode verhießen.

Kaum zwei Generationen nach dem ersten Kreuzzug entwickelte sich der Mönch Bernhard zu einem der führenden Propagandisten für den Zweiten Kreuzzug. Mit seinen flammenden Predigten verführte er viele Männer aller gesellschaftlichen Schichten dazu, für ihr

späteres Seelenheil in den Krieg zu ziehen. Als Bernhard 1146 in Vézelay, Speyer und vielen kleineren Städten alle wirklichen Christen zum Zweiten Kreuzzug aufrief, um Jerusalem aus den Händen der ›Ungläubigen‹ zu befreien, ließen sich auch der französische König Ludwig VII. und der deutsche König Konrad III. überzeugen, in den Krieg zu ziehen.

Bernhards Sprache war klar und deutlich. »So wollt ihr das Heiligtum den Hunden und die Perlen den Säuen geben? (...) Du tapferer Ritter, Du Mann des Krieges: jetzt hast Du eine Fehde ohne Gefahr, wo der Sieg Ruhm bringt und der Tod Gewinn. Bist Du ein kluger Kaufmann, ein Mann des Erwerbs in dieser Welt: Einen großen Markt sage ich Dir an; sieh zu, daß er Dir nicht entgeht. Nimm das Kreuzeszeichen, und für alles, was Du reuigen Herzens beichtest, wirst Du auf einmal Ablass erlangen. Die Ware ist billig, wenn man sie kauft; und wenn man fromm für sie bezahlt, ist sie ohne Zweifel das Reich Gottes wert.« (Bernhard von Clairvaux in einer Epistel an den Bischof von Speyer)

Bernhard war so charismatisch und überzeugend, wortgewandt und dabei von asketischer Frömmigkeit durchdrungen, dass er eine ganze Generation von Frauen und Männern zu begeistern vermochte. Gebildete Adelige verkauften ihre Güter, um in den Krieg ziehen, sie hinterließen Witwen, Waisen und ein wirtschafliches Chaos. Sogar Bernhard selbst stellte diese Wirkung fest: »Ich sprach, und sofort hatten sich die Kreuzfahrer ins Unzählige vermehrt. Dörfer und Städte sind nun verlassen. Man findet kaum noch einen Mann auf jede siebte Frau. Überall sieht man Witwen, deren Männer noch leben.« (Bernhard von Clairvaux in einem Brief an Papst Eugen III.)

Ein bekanntes Paar, das durch die Kreuzzüge getrennt wurde, waren die ungarische Königstocher und Landgräfin Elisabeth von Thüringen (1207–1231) und ihr Ehemann Ludwig IV., der 1227 auf dem Kreuzzug Kaiser Friedrichs II. an einer Seuche starb. Ludwig hinterließ eine schwangere Witwe, die sich nunmehr noch intensiver als vorher und gegen den Widerstand ihrer königlichen Verwandtschaft in Selbstaufgabe, Armut, Buße und völliger Hörigkeit ihrem geistlichen Mentor Konrad von Marburg gegenüber der Pflege von Aussätzigen widmete.

Konrad selbst war ebenfalls ein charismatischer Kreuzzugsprediger. Mit 24 Jahren starb Elisabeth an Entkräftung und hinterließ drei kleine Kinder. Mit finanzieller Unterstützung ihrer Familie wurde das Heiligsprechungsverfahren ungewöhnlich beschleunigt, so dass Elisabeth vier Jahre nach ihrem Tode bereits heiliggesprochen wurde. Als würdigen Ordens- und Wallfahrtsort stiftete der Deutsche Orden die Marburger Elisabethkirche. Den Geldgebern war die teuerste und modernste Bauweise ihrer Zeit gerade gut genug: Es war die Gotik.

Elisabeth wurde sofort zum Mythos, und ihre Lebensweise war mehrere Generationen lang ein nachahmenswertes Vorbild für viele Frauen. Sie verwirklichten diese Ideale entweder als Beginen in einer städtischen Umgebung oder traten einem Orden bei. Auch viele Frauen wagten sich als Nonnen in die ›Wildnis‹ jenseits der Elbe, um unter den slawischen Bewohnern ein Bollwerk des Christentums zu errichten.

Kritik am modernen Baustil

Bernhard von Clairvaux predigte vielerorts Umkehr, Abwendung von allem Weltlichen, von Reichtum und Prunk. Deshalb kritisierte er mit Blick auf die neueste Entwicklung in Paris die zu seinen Lebzeiten dort entstehende kostspielige frühgotische Baukunst mit ihrem Streben nach großen Bauten, hohen Gewölben und aufwendigen Chorumgängen mit Kapellenkränzen. Bereits 1125/27 formulierte Bernhard: »Unbedingt zu meiden sind unbescheidene Längen des Kirchenbaus, weil sie gottlos sind, und die leeren Höhen bis zu den Decken, weil sie den Gedanken verwirren, ebenso maßloser Zierrat und jedes Schmücken des Chorkranzes, weil es eitel ist.« Mit derartig heftiger Kritik am offiziellen Baustil des französischen Königshauses und seines Hausklosters St. Denis bei Paris machte sich der Mönch dort keine Freunde.

Bete und arbeite

Die Zisterzienser wollten grundsätzlich an die christliche Urkirche anknüpfen und bedingungslos ihr Leben in den Dienst Gottes stellen. Ihr Motto lautete kurz und trefflich: ›ora et labora‹, ›bete und arbeite‹. Gott dienen konnten sie nur still und abgeschieden, fern der Reize dieser Welt. Deshalb gründeten sie in den ›gottverlassensten‹ Gegenden ihre Klöster. Fanden die Mönche in der Wildnis Wasser und fruchtbaren Boden, siedelten sie sich an

Die Klosterküche im ehemaligen Zisterzienserkloster Chorin.

Folgende Doppelseite: Innenraum und Fassade der Klosterkirche in Lehnin.

Darstellung des Heiligen Bernhard auf einem Glasfenster im Kloster Zinna.

und machten das Land urbar, indem sie die Sümpfe entwässerten und die Wälder rodeten. Den Slawen im heutigen Mecklenburg-Vorpommern brachten sie neben der Dreifelderwirtschaft auch die christliche Lehre. Für ihr entbehrungsreiches Leben zahlten sie einen hohen Preis. Sie wurden im Durchschnitt nicht älter als 28 Jahre.

Die Klöster mit ihrer Eigenwirtschaft boten manchem aber auch ein geschütztes Dasein mit Arbeit, Nahrung, relativer Sicherheit und menschlichem Halt. Nicht zufällig hatten die Zisterzienserklöster im 12. Jahrhundert einen großen Zulauf von Laienbrüdern, die oft aus armen Familienverhältnissen kamen.

Für die Zisterzienser, die sich streng nach der Ordensregel des Heiligen Benedikt richten, ist der Tagesablauf bis heute durch feste Gebetszeiten geregelt. In Psalm 119, Vers 164 heißt es: »Siebenmal am Tag singe ich dein Lob / wegen deiner gerechten Entscheide.« Bis heute gelten die sieben täglichen Gebetsstunden in der Reihenfolge Laudes, Prim, Terz, Sext, Non, Vesper und Komplet. Im 11. Jahrhundert kam eine nächtliche Gebetszeit hinzu, die ›Nokturne‹, ›Matutin‹ oder ›Nachtoffizium‹ genannt wird. Diese im Winter oft beschwerliche nächtliche Gebetsstunde geht auf den gleichen Psalm (Vers 62) zurück, denn »Um Mitternacht stehe ich auf, um dich zu preisen / wegen deiner gerechten Entscheide.«

Abschluss nach außen und Rückzug nach innen – so kann man das damalige geistige Ziel des Zisterzienserordens umreißen. Die zahlreichen zisterziensischen Klostergemeinschaften in Europa gaben sich eine eigene schriftliche Verfassung, die ›Charta caritatis‹. Damit grenzten sie sich sowohl gegen andere Orden als auch gegen die örtlichen Diözesanbischöfe ab. Die Ordenstracht ist bis heute schlicht. Über dem weißen Gewand aus Schafswolle tragen sie das schwarze Skapulier, eine Art Arbeitschürze mit Kapuze, das vorne und hinten lang über die Schultern hängt und von einem einfachen Gürtel gehalten wird. Zum Chorgebet hüllen sich die Mönche in die Kukulle, das weiße Chorgewand. Das brachte ihnen den Beinamen ›die weißen Mönche‹ ein. Außer Wäsche zum Wechseln besitzen sie je ein Paar Sandalen und Schuhe, außerdem eine Schreibtafel mit Stift, ein Messer und eine Nadel. Alle sind sie bartlos und tragen die große Tonsur.

Ihr schlichtes Leben brachte zunächst eine recht schmucklose Baukunst hervor. Wer heute Klöster wie Chorin oder Lehnin besucht, ist berührt von der stillen Würde der Architektur. Die klare, auf das wesentliche reduzierte Formensprache vermittelt die Spiritualität des Ordens und spiegelt die Ordnung des Klosterlebens wider.

Kein finanzieller Aufwand, kein bildhafter Raumschmuck, nur Kreuze und Marienstatuen aus Holz waren erlaubt. Der Kern ihres Wollens ist sichtbar in dem sauber gearbeiteten Mauerwerk, in den ausgewogenen, nach der christlichen Zahlensymbolik geordneten Proportionen, in den trotz der hellen Grisaillefenster effektvoll in gedämpftes Licht getauchten Räume.

Kirchtürme verboten

Bernhard von Clairvaux formulierte den idealen Klosterplan: Die gesamte Anlage wird von einer Mauer umfasst, die sichtbar den Wunsch nach Abgeschiedenheit zeigt. Mittelpunkt der Klausur ist die Kirche. Auch hier gewährt ein Lettner, eine Chorschranke, dass die Mönche ungestört ihre Gottesdienste verrichten können. Durch getrennte Pforten betreten Mönche und Laien die Kirche. Kirchtürme sind untersagt, für Glocken genügt ein Dachreiter, das Erkennungszeichen der Zisterzienserkirche. Meist im Süden der Kirche liegt der Kreuzgang, der Wandelgang der Mönche, um den sich die weiteren Klausurgebäude ausdehnen. Was die Regel vorsieht, soll sich am zentralen Kreuzgang vollziehen.

An die Kirche schließt sich der größte profane Raum an, das Dormitorium. Dieser Schlafsaal liegt im ersten Obergeschoss und ist durch ein Treppe mit dem Querschiff der Kirche verbunden. Der Raum besitzt viele kleine Fenster, damit jeder Bruder genügend Licht zum Lesen hat. Die Mönche schlafen angekleidet, denn zwischen ein und zwei Uhr in der Frühe wird zum ersten Stundengebet geläutet. Zur täglichen Kapitelsitzung versammelte man sich im Kapitelsaal. Zum Kreuzgang hin ist der Saal geöffnet, damit jeder mithören konnte. Bei aller Askese brauchen auch die ›weißen Mönche‹ im Winter eine Wärmestube, das Kalefaktorium. In diesem einzigen beheizbaren Klosterraum wurden Pergament und Tinte aufbewahrt. Dort wärmten sich die Mönche und trockneten ihre Kleider. Um sich vor jeder Mahlzeit die Hände zu waschen, gibt es gegenüber vom Speisesaal einen Brunnen. Bei allem legen die Zisterzienser Wert auf das Reine, Klare – sei es in ihrem Glauben und bei den gregorianischen Gesängen, sei es in ihrer Baukunst oder beim Kanalsystem, das – im Unterschied zu vielen mittelalterlichen Städten – durch die Klosteranlage führt.

Alle Handlungen dienen dem Lob Gottes, so auch die Mahlzeiten. Eine ruhige und geordnete Atmosphäre herrscht daher auch im Refektorium. Dort nehmen die Brüder schweigend ihre einfachen, meist vegetarischen Mahlzeiten ein, zu denen der Lektor von der Lesekanzel aus vorliest.

Trotz des mönchischen Armutsideals wurde auch der Orden der Zisterzienser im Laufe der Zeit reich. Dies hängt damit zusammen, dass zwar der einzelne Mönch wenig besitzt, aber für die Gemeinschaft arbeitet und damit Güter erwirtschaftet werden können, die beim Tod des Einzelnen in der Gemeinschaft verblieben und nicht, wie etwa bei einer Familie, weitervererbt und damit geteilt werden. Mit zunehmenden finanziellen Spielräumen war es fast zwangsläufig immer schwieriger, die Armutsregel einzuhalten. Die Zisterzienserklöster wurden immer aufwendiger ausgebaut und kunstvoll ausgestattet, so dass auch bei diesem Orden irgendwann der Ruf nach Reformen laut wurde. Ende des 17. Jahrhunderts spaltete sich schließlich von den Zisterziensern wieder ein neuer, strengerer Orden ab, die Trappisten.

Nach den Säkularisierungswellen des 16. bis 19. Jahrhunderts gibt es heute wieder einige Zisterzienserklöster. Im Unterschied zu vielen karitativen Orden, deren Aufgaben auch vom Staat mitgetragen werden, verzeichnen die Zisterzienser beim Ordensnachwuchs wieder eine leicht steigende Tendenz. Orden sind damals wie heute ökonomischen Zwängen unterworfen, sie müssen sich wirtschaftlich selbst tragen. Auch deshalb führen Zisterzienserorden Schulen und Bildungseinrichtungen. Geblieben ist die Überzeugung, dass man Gott nur in der Stille finden kann.

Folgende Doppelseite: Innenraum der Klosterkirche in Doberlug-Kirchhain. Die Kirche wurde unter anderem mit Spendenmitteln der Deutschen Stiftung Denkmalschutz saniert.

V.GERSDORF

Kaiser Karl IV. aus dem
Hause Luxemburg nahm
sich des Klosters als Schirm
herr besonders an und bestätigte
anno 1373 alle seine Privilegien
DEVTSCHES REICH
LVXENBVRG

Ein verpfändetes Stück Schweden

Das Wassertor – hier die stadtseitige Ansicht – ist das einzige erhaltene von vormals fünf Stadttoren. Es erhielt allerdings erst in der Spätgotik sein heutiges Erscheinungsbild.

Die den Küstenstädten eigene Weite und Frische weht auch in Wismar mit jeder Meeresbrise durch die Straßen der Altstadt. Das Leben am und mit dem Meer prägt die Hansestadt damals wie heute. Die Besucher zieht es erst einmal zum Alten Hafen, wo die Fischer fangfrischen Fisch anbieten, die Segel der Jollen lustig im Wind schaukeln und Touristen mit Einheimischen leicht ins Gespräch kommen. Auf einer Hafenrundfahrt erfährt der Gast, dass die Stadt lange zu Südschweden gehörte und warum man dem riesigen neuen Werftgebäude die Farben des Himmels und des Meeres gegeben hat.

Gelassen und heiter scheinen hier die Sommertage, und der Regen wird schnell vom Wind vertrieben. Die Wismarer haben gelernt, sich auf die Gezeiten und Wetterwendigkeit an der Küste ebenso einzustellen wie auf unerwartete Schicksalsschläge, die sich immer als Menschenwerk erweisen sollten. Nein, eine ruhige Biographie war dieser Stadt seit den goldenen Jahrzehnten des 14. Jahrhunderts gewiss nicht vergönnt. Aber irgendwie ist es ihr gelungen, vieles von dem rauhen Charme vergangener Tage über wirtschaftliches Auf und Ab, über unterschiedliche politische Systeme in die jetzige, wieder ganz andere Fragen aufwerfende Zeit in einem geeinten Europa hinüberzuretten.

Wismars größtes Denkmal, das man vom Turm von St. Nikolai oder auf einem Stadtplan erkennen kann, treten wir meist mit Füßen: Der mittelalterliche Stadtgrundriss mit dem annähernd quadratischen Marktplatz als Zentrum und Erkennungszeichen norddeutscher Stadtgründungen des 13. Jahrhunderts ist bis heute erhalten. Zum Markt führen die seit Jahrhunderten wichtigen Straßen. Wismar verdankt seine Gründung der Küstenstraße zwischen Lübeck und Rostock, die zeitlich vor der juristischen Erhebung zur ›Stadt‹ angelegt wurde und der Grund für eine sehr frühe Besiedlung von slawischen Einwohnern war – lange Zeit vor der Eroberung der Küstenregion durch die Heere Heinrichs des Löwen. Leider wissen wir von dieser älteren, durch die Christianisierung untergegangenen Kultur relativ wenig, und bis heute fallen die slawischen und älteren Kulturschichten bei größeren Bauvorhaben aus Zeit- und Geldmangel oft dem Bagger zum Opfer.

In Wismar sind die jahrhundertealten städtebaulichen Merkmale, wie die geschlossene Quartierstruktur, die mittelalterlichen Stadterweiterungen, die sich von der Bucht im Norden ausgehend nach Süden und Südwesten entwickelten, sowie die barocke Stadtbefestigung aus der schwedischen Zeit wie in einem dreidimensionalen Geschichtsbuch ablesbar. Man kann sie auf einem Spaziergang gut erkennen und damit in den Entfernungen und Proportionen zueinander sinnlich nachvollziehen. Wer es ganz genau wissen will, dem sei das Stadtmuseum im Schabbelhaus bei St. Nikolai empfohlen, wo Wismars Geschichte in alten Stadtansichten bestens dokumentiert ist.

255 Jahre gehörte Wismar zu Schweden

Eine Urkunde Kaiser Ottos IV. von 1211 erlaubte den Schwerinern, in der Bucht von Wismar mit zwei der jüngst entwickelten Koggen und beliebig vielen kleineren Schiffen Handel zu treiben. Dadurch ist der Ursprung des heutigen Wismar spätestens zu dieser Zeit schriftlich belegt. Wismar war damals eine noch unbefestigte Siedlung mit Markt und einer kleineren Nikolaikirche. Spätestens 1229 ist von einem echten städtischen Verband auszugehen. Wahrscheinlich war auch diese Stadtgründung von Lübeck ausgegangen. Für heutige Bürger klingt eine Stadtgründung nicht besonders

Die Krämerstraße (rechts) ist Fußgängerzone und führt von Norden auf den Marktplatz. Farbenfrohe Giebelhäuser säumen Wismars Haupteinkaufsstraße. Im Hintergrund ragt der Westturm der Nikolaikirche hervor.

Das Wahrzeichen Wismars und Schmuck des 100 mal 100 Meter großen Marktplatzes ist die ›Alte Wasserkunst‹, ein Tiefbrunnen, der die Wasserversorgung im frühen 17. Jahrhundert modernisierte. Über Holzrohre gelangte das Wasser bis 1897 von den vier Kilometer entfernten Metelsdorfer Quellen in die Wasserkunst, die etwa 200 Häuser – allen voran die Brauhäuser – und 16 öffentliche Wasserstellen der Stadt speiste. Entsprechend kostbar wurde der Lebensquell gestaltet: Im Stile der niederländischen Renaissance erhebt sich das Bauwerk auf zwölfeckigem Grundriss und ist mit einem Kupferdach und einer sechseckigen Laterne bekrönt. Der Renaissanceaufbau wurde in den Jahren 1580 bis 1602 errichtet. Spenden und Stiftungen zahlreicher Bürger ermöglichten in den letzten Jahren die Restaurierung dieses außergewöhnlichen Brunnens.

Als ältestes Bürgerhaus Wismars gilt das mit einem fünfstöckigen Maßwerkgiebel und Wimpergen geschmückte Gebäude am Markt, das seinen Namen 1878 erhielt, als dort die Gaststätte ›Alter Schwede‹ eingerichtet wurde.

Von den drei gotischen Backsteinkirchen hat nur St. Nikolai den Zweiten Weltkrieg relativ unbeschadet überstanden. Die Nikolaikirche war die Pfarrkirche der im Süden durch den kleinen schiffbaren Flusslauf, die ›Grube‹, begrenzten ältesten Siedlung Wismars.

Besonders eindrucksvoll ist der detailreich geschmückte südliche Giebel (Bild oben rechts), bei dem glasierte und unglasierte, schwarze und rote Backsteine wechseln. Kleinteilige Figuren- oder Maßwerkfriese lösen die Fläche auf. Den Schichtenwechsel von glasierten und unglasierten Steinen, der auch am Chor von St. Marien in Rostock zu sehen ist, setzt man seit dem frühen 13. Jahrhundert ein, wie auch das Beispiel in der südlichen Vorhalle des Ratzeburger Domes (S. 8/9) zeigt.

Die Madonna auf der Mondsichel im Strahlenkranz gehört zu den kostbaren Ausstattungsstücken der Nikolaikirche. Auffallend viele Backsteinkirchen an der Ostseeküste sind der Gottesmutter geweiht. Maria ist jene Mittlerin zwischen den Gläubigen und Gott, die wie keine andere Heilige das Leid der Menschen zu verstehen vermag, da sie als Mutter das Leiden ihres einzigen Sohnes zulassen musste und diesen Weg als Dienerin und ›Magd des Herrn‹ annahm. In den jungen Küstenstädten an der Ostsee war für die wenigsten Menschen das Leben leicht. Kriegerische Auseinandersetzungen, Krankheit und Tod gehörten zum Alltag. So waren das Gebet und die besondere Verehrung der Gottesmutter für Frauen wie Männer tröstend.

aufregend, weil wir uns ein Leben ohne Städte kaum vorstellen können. Doch bis dahin gab es an der Ostsee keine befestigten steinernen Städte. Die Ernennung zur Stadt war der entscheidende Rechtsakt für die zugereisten Siedler, sich von ihrem Landesherrn unabhängig zu machen. Nun durften sie sich nach dem von Lübeck vorgegebenen lübischen Recht selbst verwalten und eine bürgerliche Regierung, den Rat der Stadt, bilden. Zwischen 1257 und 1358 unterhielten aber weiterhin die mecklenburgischen Fürsten in Wismar eine Residenz, die sich nördlich von St. Georgen befand. Der ›Fürstenhof‹, heute ein prachtvoller Renaissancebau mit Terracotta-Reliefs, verweist auf die Vorgängerbauten.

Wismar, die Schöne und Mächtige, die zeitweise als zweitwichtigste Stadt im Hansebund galt, teilte schließlich das Schicksal mit den früheren Konkurrenten und verlor ihre mächtige Wirtschaftsvormacht im Dreißigjährigen Krieg. Im Westfälischen Frieden wurde die Stadt 1648 Schweden zugesprochen. Schwedisch sollte sie 255 Jahre bleiben, wenn auch zwischenzeitlich verpfändet. Denn für Schweden war dieser südliche Stützpunkt an der Ostsee nur als Seefestung interessant. Deshalb erhielt Wismar nach außen einen starken Befestigungsring, während sich die Stadt selber wirtschaftlich nicht erholen konnte. Nachdem Dänemark im Jahr 1718 die Festung geschleift hatte und die nunmehr offene Seestadt für Schweden strategisch bedeutungslos geworden war, verpfändete Schweden Wismar 1803 für 1,2 Millionen Taler auf hundert Jahre an die Herzöge von Mecklenburg-Schwerin. Diese sahen keinen Grund, das Pfand auszulösen, und so blieb Wismar bis 1903 schwedisch.

Der ›späte‹ Neubau von St. Nikolai

Der Bau der heutigen Nikolaikirche (ab 1381) fällt in die Blütezeit der Stadtgeschichte, als die wenige hundert Meter entfernte zweite Großbaustelle, die Ratskirche St. Marien, bereits große Fortschritte gemacht hatte und Geld, Friedenszeiten und Zuversicht es gestatteten, die altehrwürdige Nikolaikirche abzureißen und nach dem viel bewunderten Vorbild der Lübecker Marienkirche einen Neubau zu beginnen.

Aus heutiger Sicht ist es kaum vorstellbar, dass sich die rund 10 000 Einwohner zumuteten, zeitgleich eine weitere Baustelle zu eröffnen, zumal das abschreckende Beispiel, die zwar genutzte, aber nicht vollendete Georgenkirche genau einhundertundfünf Meter – das entspricht der Länge des Schweriner Domes – neben der Baustelle von St. Marien stillag. Andererseits, könnte man salopp formulieren, wurde es auch Zeit für die Wismarer, denn längst besaßen die Konkurrenzstädte mindestens drei entsprechende kirchliche Großbauten. Zwar waren noch nicht alle vollendet, aber zumindest im Bau. Ein Jahrhundert zuvor (um 1290) hatten fast zeitgleich die Stralsunder ihre Nikolaikirche und kurz darauf St. Jakobi nach Lübecker Muster begonnen, die Rostocker den Grundstein für ihre erste Marienkirche gelegt, und sogar für die Mönche in Doberan waren die Mühen ihres zweiten Kirchenbaus längst zur Geschichte geworden. Die Größe und Schönheit des Schweriner Doms hatte sich ebenfalls bis zu den Wismarer Ratsherren herumgesprochen.

Wie in Lübeck findet sich auch bei St. Nikolai in Wismar der dem französischen Kathedralschema folgende Bautyp der dreischiffigen Basilika mit Chorumgang und Kapellenkranz. Und wie bei den beiden Wismarer Schwesterkirchen, St. Marien und St. Georgen, entschied man sich auch bei St. Nikolai nicht für eine Doppelturmfassade nach dem Lübecker Vorbild, sondern für einen einzelnen Turm – der bei der Georgenkirche seine volle Höhe nie erreichte, aber zumindest bei St. Marien 82 Meter hoch in den Himmel ragte. Die Entscheidung für diese Einturmfassade zeigt, dass man in Wismar bereits späte Nachfolgebauten der Lübecker Marienkirche vorfindet, an denen sich die spätgotische Tendenz zur Vereinheitlichung der Baukörper am Außenbau ankündigt.

Der Chor von St. Nikolai wurde unter Heinrich von Bremen zwischen 1381 und 1403 fertig gestellt, während das Langhaus erheblich später, erst ab 1435, unter Hermann von Münster begonnen wurde, jenem Baumeister, der auch die Leitung der Baustelle von St. Georgen innehatte. Im Jahre 1459 wurde der Chor geweiht, aber erst zwischen 1485 und 1487 gewölbt.

Der Raumeindruck von St. Nikolai ist überwältigend, und viele Besucher empfinden ihn als einen Höhepunkt auf einer Backsteingotikreise. Die Raumwirkung wird durch das schmale und sehr steile Mittelschiff bestimmt, das mit einer lichten Höhe von 37 Metern

Oben: Die Notkirche von Otto Bartning neben St. Marien. Rechts: Der Westturm von St. Marien.

Rechte Seite: Der Blick in das Mittelschiff macht deutlich, wie eng sich St. Nikolai in Wismar an der ›Mutterkirche der Hanse‹, St. Marien in Lübeck, mit dem französischen Kathedralgrundriss orientiert. Im Unterschied dazu findet man in St. Nikolai jedoch keine Querhäuser, sondern einen querhausähnlichen nördlichen und südlichen Annexbau vor. Die heutige Farbfassung des Innenraumes von St. Nikolai geht auf die letzte Restaurierung unter Hauptkonservator Johannes Voss zurück. Die Restauratoren der damaligen DDR orientierten sich eng an den mittelalterlichen Farbbefunden.

kaum unter dem Maß des Lübecker Vorbildes liegt. Der relativ kurzen Bauzeit von weniger als 80 Jahren ist es zu verdanken, dass man einen besonders einheitlichen und geschlossenen Raum erleben kann. Der Bau entstand gleichsam ›in einem Guss‹. Die Mauern sind, wie in St. Marien in Lübeck und einst auch in St. Georgen, farblich in einem warmen Rotton gefasst, während das Gewölbe durch das Weiß noch höher, weiter entfernt und unbegreifbarer wirkt. Nach der Wiedereinwölbung der Georgenkirche ist dort ebenfalls wieder ein großartiger Raumeindruck entstanden, auch wenn die farbliche Fassung noch aussteht.

Das Kirchenschiff von St. Marien wurde 1960 gesprengt. Für die protestantischen Gemeinden von St. Georgen und St. Marien hatte der Architekt Otto Bartning (1883–1959) 1949 neben der Ruine eine Notkirche entworfen. Sie ist eine von fast 50 Notkirchen, die er nach dem Krieg plante. Einfachheit war für ihn eine moralische Verpflichtung.

Der Wiederaufbau seit 1990

Seit fünfzehn Jahren kann man zusehen, wie ›Deutschlands größte Kirchenruine‹, die Georgenkirche im Herzen Wismars, wie Phoenix aus der Asche steigt. Die Wismarer Bürger werden dabei durch zahlreiche Menschen im ganzen Land unterstützt, deren Spenden St. Georgen 1990 zum ersten und größten Förderprojekt der Deutschen Stiftung Denkmalschutz werden ließen. St. Georgen ist eine gotische Baustelle am Anfang des 21. Jahrhunderts.

Nur der Kalender hilft, die Bilder zu erinnern, die angesichts der Kurzlebigkeit und Dichte der Termine schnell vergessen sind. Es war kurz nach der Öffnung der deutsch-deutschen Grenze am 9. November 1989, dem kalendarischen Beginn der ›Wende‹. Manch ein Besucher stand damals vor der Ruine von St. Georgen mit weichen Knien. Mit wohlig-sentimentaler Ruinenromantik eines Caspar David Friedrich hatte dieser Anblick nichts zu tun. Diese riesige Kirchenruine war ein Symbol der Zerstörung durch Menschen in einem Krieg, der von Deutschland begonnen wurde und unbeschreibliches Leid über ganz Europa gebracht hatte.

Da stand nun an der Ostseeküste diese Ruine aus dem Zweiten Weltkrieg, der seit einem halben Jahrhundert vorbei war. Es gibt wohl keinen Besucher, den sie nicht berührte. Nur wenige Gäste hatten unter dem erschütternden Eindruck der gras- und baumbewachsenen, mehr als dreißig Meter aufragenden Ruinenmauern die Kraft, sich in die Bewohner der Nachbarhäuser einzufühlen, die bereits seit Jahrzehnten mit der Ruine vor ihrer Haustür lebten. Die Gemeinde hatte zuschauen müssen, wie Gerüste an St. Georgen auf- und aus Geldmangel wieder abgebaut wurden, wie die Stadt jahrelang um die Rettung der Ruine rang. Manche süffisanten Bemerkungen westdeutscher Touristenführer geschahen aus Unkenntnis über die Lage in der DDR.

Und viele Wismarer sahen sich damals doppelt gestraft: Erst hatte man sich in vielen privaten und denkmalpflegerischen Initiativen – in Wismar und Stralsund ebenso wie in vielen Dörfern Mecklenburg-Vorpommerns – dafür eingesetzt, trotz Geldmangels und gegen die staatlichen Vorstellungen einer sozialistischen Stadt die Ruinen vor dem Abriss zu retten, stets getragen von der Hoffnung, sie irgendwann einmal aufbauen zu können. Und nun ernteten die Denkmalschützer abermals, diesmal aus Unkenntnis, Kritik: Warum sie nur alles so verkommen haben lassen? Wieso sie nicht wenigstens ein Notdach aufbringen konnten? Fragen, die nur jemand stellen kann, der nicht mit Holz- und Gerüstmangel und Geldnot in einem planwirtschaftlichen System umgehen musste. Da nützte auch der Verweis auf den rund hundert Meter von St. Georgen entfernten Torso der Marienkirche auf einem öden Parkplatz nichts. St. Marien bleibt für viele Wismarer ein Mahnmal: Die dritte der gotischen Stadtkirchen konnte weder durch Diplomatie noch List gerettet werden. Das Kirchenschiff wurde 1960 gesprengt.

Die Ruine von St. Georgen wurde nicht gesprengt. Dort begann man bald nach dem Zweiten Weltkrieg mit Notsicherungen, sogar der Aufbau wurde beschlossen. Doch Anfang der 1960er Jahre scheiterte die Hoffnung der Denkmalpfleger und Kirchenleute angesichts des ständigen Mangelzustandes. So mussten sie mitansehen, wie im Oktober 1977 das inzwischen baufällige, 1958 aufgestellte und nie genutzte Gerüst aus Sicherheitsgründen zum Einsturz gebracht wurde. An Weihnachten 1977 erlebten die Wismarer, wie bei einem Sturm auch der zwanzig Jahre zuvor errichtete Dachstuhl zusammenbrach, nachdem er Wind und Wetter zu lange offen ausgesetzt war. Die offizielle Nutzung für St. Georgen lautete fortan ›Ruine als begehbares Mahnmal‹.

Schon vor dem 3. Oktober 1990 hatte die Deutsche Stiftung Denkmalschutz die Georgenkirche zum Förderprojekt erklärt und bundesweit um Spenden geworben. Mehrere Millionen Euro hat die Stiftung seither mit Hilfe vieler Förderer für den Aufbau zur Verfügung

Bis vor wenigen Jahren stand man im Mittelschiff von St. Georgen auf einer wilden Wiese und schaute in den Himmel. Inzwischen tragen die mächtigen achteckigen Pfeiler wieder die Gewölbe der kreuzförmigen Basilika.

gestellt. Die Überzeugung, dass es sich lohnt, an der Wiedereinweihung dieses Symbols im Jahr 2010 mitzuarbeiten, nimmt seither stetig zu. Für viele Bürger Wismars ist St. Georgen inzwischen zu einem Hoffnungszeichen geworden. Sie sehen den fortschreitenden Wiederaufbau als einen symbolischen Einspruch gegen die täglichen Negativmeldungen, die bedrückende Arbeitslosigkeit und den wirtschaftlichen Niedergang in Mecklenburg-Vorpommern. An St. Georgen wird in alter Handwerkstradition Qualität erzeugt. Mit heutigen Kredit- und Immobilienpreiskalkulationen wäre eine mehrere Generationen Bauzeit

Unter Verwendung des vorhandenen Materials und in traditioneller Gewölbetechnik wurden in den vergangenen Jahren die Gewölbe von St. Georgen wieder geschlossen.

erfordernde Kirche wie St. Georgen im 13. Jahrhundert niemals auch nur ›angedacht‹ worden. Die Einstellung der Kaufleute und Ratsherren an der Küste zur ›Zeit‹ war anders, und ihr Lebensgefühl bei einem weitaus ungewisseren, härteren und riskanteren Arbeitsalltag vermutlich zuversichtlicher als unser heutiges. Wie sonst hätten sie es wagen können, ein Bauwerk wie St. Georgen zu planen? Sie wagten es, und gingen das Risiko ein. Ebenso wie die Wismarer am Ausgang des 20. Jahrhunderts, die gegen alle betriebswirtschaftlichen Kosten-Nutzen-Rechnungen und Voraussagen den Mut aufbrachten, anzufangen. Um die Kirche in wenigen Jahren zu vollenden, sind sie weiterhin auf Spenden angewiesen.

Chronik der Ereignisse

St. Georgen, die Pfarrkirche von Wismars um 1250 entstandener ›Neustadt‹, hat eine komplizierte Baugeschichte, die sich über zwei Jahrhunderte hinzieht und im 16. Jahrhundert mit dem unvollendeten, aber benutzbaren Kirchenbau vorläufig endete. Dabei ging am Anfang alles gut voran: St. Georgen ist ein früher Nachfolgebau der Lübecker Marienkirche. Der Chor wurde seit 1290, also etwa zeitgleich mit der Doberaner Klosterkirche, der Stralsunder Nikolai- und der Rostocker Marienkirche errichtet. Die größten Unterschiede zum Lübecker Vorbild sind der gerade Chorabschluss statt des Umgangschores mit Kapellenkranz und die gestaltprägende Querschiffanlage, die sich die Küstenstädte, wenn irgend möglich, leisteten. Ähnliche Querschiffe, die hervorragend für weltliche Versammlungen und feierliche Anlässe geeignet waren, haben auch die Marienkirchen in Rostock, Stralsund und Gdańsk (Danzig). Die Querschiffe von St. Georgen wurden allerdings erst ein Jahrhundert nach dem Chor, seit 1404, zusammen mit dem Langhaus begonnen. Trotz bürgerlicher Stiftungen, trotz Vermächtnissen und Ablassbriefen zugunsten der Kirche floss das Geld spärlicher als es der Baufortschritt erforderte, so dass es 1440 wieder zum Baustopp kam und es erst zwölf Jahre später weiterging. Zunächst unter dem Baumeister Hermann von Münster, der seit 1442 sieben Jahre hier arbeitete, und danach unter der Leitung von Hans Martens, der den Bau beinahe 50 Jahre, von 1449 bis 1497, vorantrieb. In dieser Zeit gelang es, die Querhäuser zu vollenden, die nun wiederaufgebaut sind. Der mittelalterliche Westturm sollte eine kühne Idee bleiben. Erst Ende des 16. Jahrhunderts brachte man statt der ursprünglichen Turmpläne ein schlichtes Dach auf.

Da Wismar seit 1933 Standort der Dornier-Flugzeugwerke war, wurden die Industrieanlagen im Zweiten Weltkrieg mehrfach bombardiert. Die Luftangriffe verschonten zwar die Altstadt weitgehend, aber in der Nacht vom 14./15. April 1945 wurde das gotische Viertel um St. Marien und St. Georgen zerstört.

Denkmalpflege wird ein Thema

Nach über vierzig Jahren ohne schützendes Dach interessierten sich 1989 erstmals westliche Medien für den Zustand der ostdeutschen Städte und zeigten über mehrere Monate hinweg Fernsehbilder von dem oft dramatischen, akut vom Einsturz bedrohten Zustand vieler Innenstädte. St. Georgen erhielt den unrühmlichen Titel ›größte Ruine Deutschlands‹. Besonders das ZDF machte in vielen Reportagen auf den großen Nachholbedarf in den östlichen Bundesländern aufmerksam. Die Bilder einer Ruine wie St. Georgen rüttelten auch Menschen auf, die sich bis dahin nicht für Denkmalpflege interessiert hatten.

Auf den Mauerkronen wuchsen Bäume, die von keinem Dach geschützten Mauern drifteten auseinander. Der ehemalige Innenraum glich einem herrenlosen Grundstück, das sich

Eine Großbaustelle in schwindelerregender Höhe: An Zimmermannsarbeiten wie dem Aufstellen des Dachstuhles und dem Eindecken des Daches hat sich seit Jahrhunderten wenig geändert.

die Natur längst zurückgeholt hat. Meterhoher Pflanzenbewuchs hatte den Kirchenboden aufgesprengt. Natur ist allenthalben stärker als Menschenwerk. Es war für viele Westdeutsche schwer zu verstehen, dass diese Wildnis in einer Kirche mitten in Westeuropa liegen sollte. Die Reste der frühen Notsicherungen waren längst verrottet, die Mauern völlig durchfeuchtet und vom salzhaltigen Küstenwind angegriffen. Überdies hatte auch niemand Erfahrung darin, wie fünfhundert Jahre alte Backsteinmauern reagieren würden, wenn man sie mit neuen Steinen verbinden wollte. Wie schnell würden sie trocknen, wie groß ist ihr Materialschwund bei normaler Luftfeuchtigkeit?

Überhaupt stellte sich die Frage, wie lange man damit rechnen durfte, dass der Torso nicht in sich zusammenstürzt. Im Januar 1990 donnerte bei einem nächtlichen Orkan der Nordgiebel aus dreißig Metern Höhe auf die gegenüberliegende Häuserzeile und durchschlug die Dächer. Nun war Eile geboten. Sollte man nicht endlich das unberechenbare Monstrum abreißen, um die Gefahr zu bannen? Vernünftige Argumente dafür gab es genug. Denn allein der Gedanke an die bevorstehende Sanierung der Altstadt stellte die Stadtverwaltung von Wismar vor schier unlösbare Probleme. Für St. Georgen gab es nur zwei Möglichkeiten, entweder Niederlegung oder baldige Sicherung. Für beide Lösungen blieb wenig Zeit.

Angesichts der Vorgeschichte des jahrzehntelangen Ringens um den Aufbau gab es in Wismar Mutige, die die Gunst der Stunde erkannten und beschlossen, die Georgenkirche nach all den Jahren endlich aufzubauen. Es entstanden zwei Fördervereine, die seitdem zusammen mit dem Bund, dem Land Mecklenburg-Vorpommern, der Hansestadt Wismar und der Deutschen Stiftung Denkmalschutz den Wiederaufbau fördern.

Seither ist Großartiges geschehen. Der Himmel über St. Georgen schließt sich wieder, und die Räume werden von Ost nach West geschlossen. Der Chor, die Querhäuser mit den prächtigen Giebeln und das Langhaus sind bereits vollendet. Der Innenraum kann inzwischen wieder für Gottesdienste, Ausstellungen, Konzerte und Vorträge genutzt werden. Min-

Die im Zweiten Weltkrieg zerstörte Wismarer Georgenkirche wird seit 1990 systematisch von Ost nach West aufgebaut. Charakteristisch für St. Georgen sind die mächtigen Querschiffe im Norden und Süden sowie die nie vollendete westliche Einturmfassade.

destens bis 2005 ist dort überdies die Ausstellung ›Dialog des Geistes. Geist und Religion im Mittelalter‹ als Teil der Initiative ›Wege zur Backsteingotik‹ zu sehen. Die Exponate und Installationen vermitteln ein atmosphärisches Eintauchen in das christliche Weltbild des Mittelalters.

Derweil gehen die Arbeiten in luftiger Höhe weiter. Handarbeiten wohlbemerkt, denn auch im 21. Jahrhundert müssen Hunderttausende Backsteine ebenso einzeln vermauert werden wie im Mittelalter. Die Menschen in Wismar sind der Meinung, dass sich ihre Kraftanstrengungen zur Rettung von St. Georgen lohnen.

Blick von Südwesten auf das Seitenschiff und das südliche Querschiff mit reich verziertem Dreiecksgiebel. Ähnlich wie bei St. Marien in Stralsund lässt sich an der kompakten, auf Weitsicht angelegten Bauform der Wismarer Georgenkirche die spätgotische Tendenz zur Formenvereinheitlichung ablesen. Gestaltprägend sind bei St. Georgen die hohen Querschiffe (vgl. die alten Ansichten S. 51 und 54). Von 1942 bis 1990 war die breitgelagerte Backsteinruine dach- und fensterlos dem Wetter, Sturm, Regen und der Sonne ausgesetzt.

Durchgrünte Landeshauptstadt

Schwerin, die Landeshauptstadt von Mecklenburg-Vorpommern, ist in eine zauberhaft schöne Landschaft mit sieben Seen eingebettet. Das märchenhaft anmutende Schloss dient als Sitz des Landtages. Im Mittelalter hingegen bildete der Dom als neuer Bischofssitz in der ›Wildnis‹ das politische Zentrum. Die große Ähnlichkeit des Domes zur Lübecker Marienkirche gehört zum Bauprogramm.

Der Name der slawischen Burg lautete ›Zuarin‹, was soviel heißt wie ›tierreiche Gegend‹ und einen Hinweis auf die wasserreiche und fruchtbare Landschaft gibt. Die slawische Burg Zuarin war strategisch klug gewählt. Sie lag auf der Insel, auf der sich heute das Schweriner Schloss erhebt. Landtagsabgeordnete gehen dort ebenso ein und aus wie Besucher, die vom Schlossrestaurant auf den Rosengarten der jüngst restaurierten Orangerie von Schinkel schauen oder in dem weitläufigen Schlosspark Erholung suchen.

Die heutige Schönheit und Heiterkeit der Schlossanlage lässt kaum vermuten, wie zäh der slawische Fürstensitz des Obotriten-Fürsten Niklot im 11. Jahrhundert gegen das Heer der christlichen Eroberer mit Tausenden von Soldaten verteidigt wurde. Die Geschichtsschreibung liest sich aus der Perspektive der Sieger meist reibungslos: Es gelang den Truppen unter dem Sachsenherzog ›Heinrich dem Löwen‹, die ›heidnisch‹ genannten Obotriten zu besiegen, zu unterwerfen und im Jahr 1160 die nach ihrer Burg benannte Stadt Schwerin zu gründen.

Niklot tat das, was ein Fürst angesichts eines übermächtigen Feindes und der Ausweglosigkeit seiner Lage noch tun kann. Er brannte seine Burg nieder, um sie dem Sieger nicht als Stützpunkt zu überlassen. Und der Sieger, Heinrich der Löwe, tat das, was ihm, christlich gelesen, als ehemaligem Anführer des Wendenkreuzzugs (1147) ›sein Herz gebot‹, oder strategisch formuliert, was man im 12. Jahrhundert im eroberten Feindesland tat. Er gründete dort, wie nach seinen bisherigen Eroberungen – 1158/59 in Lübeck, 1160 in Ratzeburg und 1173 in Braunschweig – nicht nur

Stadtgeschichte im Zeichen des Löwen: Vom Dom bis zur Insel mit dem Schweriner Schloss und der jüngst wiederhergestellten Orangerie mit dem duftenden Rosengarten ist es nicht weit. Victoria (Kopie) eilt mit Siegeskranz auf einem Sockel über der Orangerie herbei. Der Skulpturenschmuck wurde ebenso wie die gusseisernen Geländer von Karl Friedrich Schinkel entworfen.

Der gotische Schweriner Dom orientiert sich streng am französischen Kathedralgrundriss, der durch die ›Mutter der Backsteinkathedralen‹, St. Marien in Lübeck, an der Ostseeküste eingeführt wurde. Einer Kathedrale angemessen, übernimmt der Dom von ihr den basilikalen Grundriss mit Chorumgang und fünf Kapellen. Im Unterschied zu St. Marien betont er aber nicht die mittlere Achsenkapelle, sondern führt den Kapellenkranz gleichmäßig um den Umgangschor herum. Eine entscheidende Steigerung zu St. Marien wird durch das mächtige Querschiff erreicht, das sogar dreischiffig ausgeführt wird. Durch die gleiche Deckenhöhe mit dem Mittelschiff entsteht eine besonders lichte Raumwirkung. Auf eine hohe Arkadenzone mit schlanken Bündelpfeilern folgt der Obergaden, der fast vollständig von großflächigen Fenstern aufgelöst ist. Da auch Stralsunder Bauleute am Dom tätig waren, verwundert es nicht, dass diese Fenster mit den eingestellten Lanzetten an die stumpfbogigen Fenster von St. Marien in Stralsund erinnern. Die Klausurgebäude schlossen sich mit dem noch erhaltenen Kreuzgang an der Nordseite der Bischofskirche an.

eine christliche Stadt, sondern errichtete dort einen Bischofssitz.

Deshalb sind seine Dome in Ratzeburg, Braunschweig und Lübeck auch die direkten baulichen Vorbilder für den ersten Schweriner Dombau. Dieser Dom wurde bald nach der Stadtgründung begonnen und 1248 vollendet, kaum eine Generation später aber angesichts des politischen und missionarischen Erfolges gotisch umgebaut und vergrößert.

Schwerin, die wasserreiche Idylle mit dem repräsentativen Charme einer Landeshauptstadt, ist mit dieser Gründungsgeschichte nach Lübeck die zweitälteste Stadt östlich der Elbe und die älteste des Landes Mecklenburg-Vorpommern. Ein Viertel der Stadtfläche wird von Seen eingenommen, die bis in das Stadtzentrum hineinreichen und mit ihren Wasserflächen ein mildes Licht reflektieren. Die Lage, die heutzutage den landschaftlichen Reiz dieser Stadt ausmacht, war für die frühe Besiedlung und die Stadtgründung Ausschlag gebend. Denn die flache Seenlandschaft erlaubte den lebensnotwendigen Blick in das Umland. Sümpfe und Seen schufen natürliche geschützte Insellagen. Bis heute markiert der Dom mit seinem – allerdings erst 1888 bis 1892 an das gotische Langhaus angebauten – mehr als 117 Meter hohen Turm den ältesten Teil der Stadt mit dem Marktplatz und dem mehrfach umgebauten Rathaus im Schatten des Bischofssitzes.

Der Baubeginn des heutigen Domes ist nicht genau bekannt, sondern kann nur durch zwei Ereignisse und einen stilistischen Vergleich rückgeschlossen werden: Im Jahre 1222 brachte Graf Heinrich eine auf dem Kreuzzug erworbene, damals höchst bedeutende Reliquie des ›Heiligen Blutes Jesu‹ mit, einen Jaspis mit rotem Einschluss. Im 12. und 13. Jahrhundert war die Erbeutung von Reliquien auf den unseligen Kreuzzügen oft der Anlass, um eine bestehende Kirche zu erweitern, wie es der geistige Gründungsvater des gotischen Baugedankens, der Abt Suger in seiner Abtei St. Denis bei Paris getan und damit den ersten Umgangschor mit Kapellenkranz in der europäischen Baugeschichte geschaffen hatte. Doch baulich kann das frühe Datum von 1222 kaum auf die Gestalt des heutigen Domes bezogen werden, dessen Detaillösungen und gesamte Raumauffassung in dieser frühen Zeit noch nicht denkbar sind. Die Bauherren des Schweriner Domes müssen hingegen die Klosterkirche von Doberan gekannt haben. Da man deren Baubeginn durch den Brand des Vorgängerbaus im Jahre 1291 recht genau auf die Zeit danach datieren kann, folgert man, dass der Schweriner Dom nur wenig später geplant wurde. Die Mönche von Doberan und Schwerin konnten sich auch damals in ein bis zwei Tagesreisen besucht haben.

Das Jahr der Vollendung des Schweriner Chores, 1327, ist bekannt und passt stilistisch zu den Chören von Doberan und Lübeck. Doch nachdem der Chor benutzbar war, ließen sich die Mönche mit dem Langhaus offenbar Zeit. Wichtiger waren ihnen ein neues Kapitelhaus und die Klausur. Erst hundert Jahre später ließen sie den Dom von Stralsunder Bürgern fertigstellen, die unbezahlt und zur Sühne arbeiten mussten. Der Schweriner Bischof hatte die Stralsunder herbei zitiert, um Sühne für die Vergehen ihrer Mitbürger zu leisten. Jahrzehnte vor der Reformation war es bereits zu Ausschreitungen und Hass erfüllten Bluttaten zwischen Bürgern und kirchlichen Landesherren gekommen. In diesem Falle forderte 1407 der Stralsunder Archidiakon Konrad Bonow höhere Abgaben von den Bürgern. Als der Rat dieser Forderung nicht entsprechen wollte, zog der Bischof mit Soldaten vor die Stadt, ließ Bürger und Vieh ohne Prozess und Erklärungen töten und die Häuser anstecken. Die Rache der Stralsunder Bürger gipfelte in der Hinrichtung von drei Geistlichen auf dem Neuen Markt in Stralsund. Der Schweriner Bischof verhängte als Landesherr den Bann über die Stadt und forderte verschiedene Bußakte – so auch die Vollendung des Schweriner Doms, mit dessen Bau sich das Domkapitel selbst offensichtlich übernommen hatte.

Erst 1416 waren das Langhaus und die Querhäuser des Domes endlich gewölbt, wovon die spätgotischen Stern- und Netzgewölbe und die Obergadenfenster zeugen. Die heutige helle Farbfassung des Domes entstammt der letzten Restaurierung des Instituts für Denkmalpflege in den Jahren 1979 bis 1988 unter Leitung von Hauptkonservator Johannes Voss, der sich seit den 1960er Jahren für eine neue, substanzschonende Vorstellung von Denkmalpflege einsetzte. Es geht um die Auffassung, dass ein Bauwerk als Kunstwerk und Urkunde mit allen sichtbaren Verletzungen und Veränderungen der Jahrhunderte zu bewahren ist. Das bedeutet für Restauratoren, das vorhandene bauliche Dokument ohne eigene künst-

Innen- und Außenbau, Architektur und Ausstattung sind bei einem gotischen Dom aufeinander bezogen. Große Formen wiederholen sich im Kleinen.

Während das Langhaus als der ältere Bauteil durch Kreuzrippengewölbe geschlossen ist, steigern sich die Rippenformen in der Vierung und in den Querschiffen zu spätgotischen Netzgewölben.

Der Loste-Altar (linke Seite unten) wurde 1948 aus dem Museum geholt und im Chor des Domes aufgestellt. Den Altar hatte im Jahr 1495 Bischof Conrad Loste gestiftet. Das Sandsteinrelief der Mitteltafel mit der Kreuzigungsszene war bereits um 1440 in einer Lübecker Werkstatt entstanden.

lerische Ergänzungen zu konservieren. Die Restauratoren orientierten sich in Schwerin, ebenso wie in St. Marien in Doberan und in St. Nikolai in Stralsund, an Befunden der ältesten Ausmalung und entsprechenden Farbresten. Wie an den rekonstruierten Fugenstrichen der Dienste ablesbar, war der rote Backstein weiß gefasst. Die aufgemalten Fugen sollten eine Anmutung wie bei einem regelmäßigen Haustein erzeugen.

Als der Dom noch als Bischofskirche diente, war er nie als ganzer Raum quer durch die Schiffe zu sehen. Anders als heute, wo der Dom evangelische Pfarrkirche ist, hatte die Bischofskirche die Funktion einer Klosterkirche und war deshalb durch eine Chorschranke,

Das augenfälligste Kunstwerk im Schweriner Dom ist das große farbig gefasste Triumphkreuz von 1420. Es zeigt enge Verwandtschaft mit dem Doberaner Triumphkreuz und wurde aus der 1960 gesprengten Wismarer Marienkirche in den Schweriner Dom gebracht.

einen Lettner, optisch in Räume für Mönche und Laien aufgeteilt. Der Chor war ebenso wie in Doberan der Geistlichkeit vorbehalten und für Laien grundsätzlich nicht einsehbar. Für deren Gottesdienste war vor dem Lettner ein sogenannter Laienaltar aufgestellt.

Feierlich ging es bis zur Reformation auch im Langhaus zu, denn an den vierzig Altären, die bis auf den Loste-Altar (Bild S. 60) zerstört sind, lasen bis zu vier Priester gleichzeitig die Messe. Reliquien, Bilder, Wandteppiche und viele andere Ausstattungsstücke prägten den Innenraum des Domes. Mit der Auflösung des Klosters und der neuen Nutzung als evangelische Pfarrkirche wurde es seit 1552 nüchterner im Dom. Predigten lösten den Reliquienkult ab, und die napoleonischen Truppen nutzten schließlich den Dom auf ihre Weise. Bei der Restaurierung der Jahre 1867/68 wurden die restlichen Altäre und Kunstwerke entfernt, so dass heute viele Ausstattungsstücke, wie die Kanzel und die Orgel, aus dem 19. Jahrhundert stammen. Trotz aller Verluste ist der Dom bis heute ein glanzvolles Gesamtkunstwerk.

Die Seitenschiffe und der Chorumgang beherbergen weitere kunstvolle Ausstattungsstücke wie steinerne Epitaphien.

Im nördlichen Querhaus befinden sich zwei überaus kunstvoll gravierte Doppelgrabplatten aus Messing, die in der zweiten Hälfte des 14. Jahrhunderts in Flandern gefertigt wurden.

Architekturdetails erzählen Geschichte(n)

Wenn heutzutage eine Bank, ein Museum oder eine Einkaufspassage gebaut oder saniert werden, überragen Kräne wochenlang die Baustelle. Irgendwann lüftet sich das Geheimnis, indem das Baugerüst von oben nach unten unter lautem Getöse der Stahlstangen und Bretter abgebaut wird. Jeder Tag dieser Rüstung hat bis dahin Geld gekostet. Im Mittelalter hatte man eine preiswertere und materialsparendere Lösung, bei der überdies die Bürger den täglichen Fortgang der Arbeit beobachten und das Gebäude ›wachsen‹ sehen konnten.

An den Außenmauern mittelalterlicher Bauten fallen häufig regelmäßig angeordnete Löcher auf. Waren hier Fahnen angebracht? Nein, in den Löchern befanden sich früher Holzbalken. Es handelt sich bei den regelmäßig angeordneten Löchern im Mauerwerk um Aussparungen für die horizontalen Tragbalken der Baugerüste. Heute werden die Gebäude normalerweise mit Stahlrohr vom Boden aus eingerüstet, und die Kosten dafür betragen einen großen Teil der Baumaßnahmen. Im Mittelalter dagegen verwendete man hölzerne Tragkonstruktionen, wie sie der französische Architekt Eugène E. Viollet-le-Duc im 19. Jahrhundert in seiner ›Encyclopédie médiévale‹ abbildete.

Man mauerte vom Boden aus so weit hoch, dass die Maurer bequem arbeiten konnten, sparte in der oberen Mauerlage Zwischenräume aus und schob Balken in das Mauerwerk hinein, auf die man Bretter auflegen konnte. Durch Schrägstreben wurde eine Binderkonstruktion geschaffen, die den auskragenden Balken davor bewahrte, abzubrechen oder aus dem Gerüstloch heraus gezogen zu werden. Wenn der horizontale Querbalken ganz durch das Mauerwerk gesteckt wurde, sicherte man ihn an der Innenraumseite durch ein Zapfenschloss. Dann hatte die Konstruktion eine so große Festigkeit, dass sie vier Gerüst-Etagen tragen konnte, wobei die drei oberen Balken nur bis zur halben Mauerdicke im Gerüstloch steckten.

Reichte die Armlänge von diesen Arbeitsetagen zum Mauern nicht mehr aus, zog man die Horizontalbalken aus den Löchern heraus und steckte die Gerüstkonstruktion einfach eine Etage weiter nach oben. Da man die unteren Löcher nun nicht mehr erreichen konnte, ließ man sie offen. Die verbliebenen Gerüstlöcher finden sich oft bei Mauern aus Naturstein, aber häufiger noch bei Backsteinbauten. Sie lassen sich an den Stadtkirchen ebenso beobachten wie bei kleineren Dorfkirchen.

Beispiele für erkennbare Gerüstlöcher am Schweriner Dom (kleines Bild rechte Seite) und an der Klosterkirche Chorin (rechts).

In späteren Zeiten hat man sich gelegentlich an den offenen Gerüstlöchern gestört und sie nachträglich geschlossen, wie etwa bei der Stadtkirche in Tribsees (s. S. 90). Bei genauem Hinsehen ist diese Schönheitsoperation zu erkennen.

In den Innenräumen sind die Gerüstlöcher normalerweise nicht zu sehen, weil die Wände verputzt und bemalt wurden. Wo Putz und Farbe fehlen, zum Beispiel bei Ruinen, kann man Gerüstlöcher auch von innen erkennen, beispielsweise in der ehemaligen gotischen Zisterzienserkirche zu Dargun (ohne Bild).

Nicht alle Gerüste werden so solide konstruiert gewesen sein wie sie Viollet-le-Duc zeichnete. Denn es kam trotz handwerklicher Sorgfalt auch zu schweren Arbeitsunfällen auf den fast 40 Meter hohen Kathedralbaustellen. Ebenso berühmt wie tragisch war der Unfall des bekannten Baumeisters Wilhelm von Sens in der Kathedrale zu Canterbury. Wilhelm stürzte im Jahre 1178 von dem Gerüst, von dem aus er die Bauarbeiten dirigierte. Er überlebte den Sturz schwer verletzt, versuchte auch, den Bau weiterhin vom Krankenlager aus zu leiten, musste aber schließlich als Invalide in seine Heimat Frankreich zurückkehren.

Der wichtigste Vorteil der von unten nach oben ›wandernden‹, auskragenden Steckkonstruktionen der Gerüste gegenüber der heutigen Gesamteinrüstung vom Boden aus liegt im sparsamen Umgang mit Bauholz. Der Bau der unzähligen Kathedralen, Kloster- und Pfarrkirchen, Kapellen und Bürgerhäuser – und nicht zuletzt der Bau tausender Schiffe – verschlang ganze Wälder. Denn man brauchte das Holz nicht nur für die Gerüste und Leitern, sondern auch zum Aussteifen bei der Einwölbung der Kirchen, für die riesigen Dachstühle und Turmhelme sowie für die Herstellung von Holzkohle. Die Kohle wiederum brauchte man zum Schmieden von Eisen als Zuganker, zum Erhitzen von Blei für das Vergießen von Fugen, für die Kehlen der Dächer, für die Bleisprossen der Fenster sowie für die Glasherstellung. Ohne Holz in entsprechenden Mengen konnte man keinen Großbau errichten. Deshalb war es nicht die Reformation allein, die den Kathedralbau im Spätmittelalter zum Erliegen brachte. Auch der gravierende Holzmangel spielte nach dem rücksichtslosen Abholzen der Wälder eine Rolle.

Regelmäßig angeordnete, rechteckige Löcher im Mauerwerk von Backsteinkirchen zählen zu den Spuren an den Bauwerken selbst, die viel über die Organisation der mittelalterlichen Baustelle und die Bauzeit erzählen. An der Ruine der Wismarer Marienkirche wurde anlässlich der Ausstellung ›Wege zur Backsteingotik‹ ein solches Holzgerüst nachgebaut und in die vorhandenen Gerüstlöcher gesteckt (oben rechts).

Klosterkirche und herzogliche Grablege

Wer diese heute in einem Landschaftspark gelegene ehemalige Klosterkirche wegen ihrer Turmlosigkeit als Zisterzienserkirche identifiziert, gerät im Innenraum ins Zweifeln. Lichtfülle, Farbenpracht und ein reicher Umgangschor mit Kapellenkranz überwältigen den Besucher. War die Diagnose Zisterzienserkloster falsch, oder hat der zur Armut verpflichtete Orden in Doberan gegen seine Bauregeln verstoßen?

Was ist Reichtum, was Armut in der Baukunst? Ein schmuckloser Raum kann durch geschickte Proportionen und passende Materialien überaus ›reich‹ wirken, ein teures Gebäude ohne Geschmack und Formensinn hingegen arm. Um Armut explizit zu verordnen, bedarf es Regeln und Definitionen. Doch kaum gibt es Regeln, geht es darum, sie so zu durchbrechen, dass sie dennoch als eingehalten gelten. Von Reichtum war der Ordensgründer der Zisterzienser, Bernhard von Clairvaux (1090–1153) seit früher Kindheit umgeben.

Doberan von Westen. Die mächtigen Querhäuser sind ebenso untypisch für eine Klosterkirche der Zisterzienser wie der dem französischen Kathedralvorbild folgende Chorumgang mit Kapellenkranz (vgl. rechte Seite). Allenfalls der vergleichsweise bescheidene Dachreiter mit dem Glockengeläut und der Verzicht auf Strebebögen deuten darauf hin, dass sich die Mönche bemühten, ihrer selbst auferlegten Armutsregel zu entsprechen.

Blick auf den Chor. In Doberan wurde die Chorscheitelkapelle – im Unterschied zu St. Marien in Lübeck – nicht betont. Stattdessen legten die Mönche alle fünf Kapellen als gleichmäßigen Kapellenkranz an. Die zwanzig Meter hohen Lanzettfenster mit ihren zwei oder drei Lanzetten folgen dagegen denen von St. Marien. Auch die Strebepfeiler an den Chorkapellen sind abgetreppt. Die fünf Chorkapellen waren ursprünglich durch ein gemeinsames, umlaufendes Dach gedeckt, das über die einspringenden Winkel hinweg griff. Erst bei der Restaurierung der Jahre 1881 bis 1884 wurden die einzelnen Dächer mit der heutigen Dachform aufgebracht.

Teile des Klosters sind als Ruine erhalten, andere werden noch genutzt.

Rechte Seite: Die Doberaner Klosterkirche (Ansicht von Südwest) birgt viele mittelalterliche Ausstattungsstücke und Kunstwerke. Das geschnitzte Chorgestühl ist mit figürlichen und floralen Motiven wie Weinlaub geschmückt. Im südlichen Chorumgang befindet sich ein Altar mit der Darstellung einer Eucharistischen Mühle, neben dem Altar in Tribsees (s. S. 91) einer der wenigen erhaltenen Mühlenaltäre.

Als junger Mann lehnte er dann das üppige Leben der bestehenden, zu Reichtum gelangten Klöster ab und gründete, vom burgundischen Ort Cîteaux ausgehend, einen neuen, ausdrücklich der Armut verpflichteten Orden, die Zisterzienser. Mehrere Generationen später war es dann wieder soweit: Die Zisterzienser zeigten unverhohlen ihren Reichtum in aufwendigen Klosterkirchen mit kunstvoller Ausstattung. Schade um die ehrenwerte Absicht. Aber erfreulich für heutige Besucher, die wegen der Architektur nach Bad Doberan kommen. Die ehemalige Klosterkirche ist ein Meisterwerk der Backsteingotik und darüberhinaus eine der wenigen Kirchen, deren gotische Ausstattung die Reformation und auch die Säkularisation überstanden hat.

In rund zwanzigjähriger Bauzeit gelang es den Restauratoren der damaligen DDR unter der Leitung des Hauptkonservators Johannes Voss, die originale Ausmalung der Doberaner Kirche zu restaurieren und den gotischen Raumeindruck wiederherzustellen. Der farbenprächtige, durch zwanzig Meter hohe Fen-

Das frühgotische Gebeinhäuschen – auch ›Karnerkapelle‹ oder ›Totenleuchte‹ genannt – vermittelt einen Eindruck von der Phantasie, mit der die Maurer im 13. Jahrhundert durch raffinierte Verwendung von einfachen glasierten und unglasierten Backsteinen sowie durch weiße Farbflächen eine reichverzierte Oberfläche schufen. Die stumpfbogigen Lanzettfenster und der Bogenfries lassen noch das romanische Formengefühl spüren. Um 1250 errichtet, entstand die Karnerkapelle wohl zeitgleich mit dem Vorgängerbau der heutigen Klosterkirche. Ursprünglich gehörte auf diesen kleinen achteckigen Bau statt des kupfernen stumpfen Kegeldaches ein langer, schlanker Helm.

ster lichtdurchflutete Innenraum ist so überraschend, dass manche Besucher, die an den langjährigen Anblick ›steinsichtiger‹, das heißt unbemalter gotischer Kirchen aus Haustein in Deutschland und Frankreich gewöhnt sind, daran zweifeln, dass die restaurierte Raumwirkung den mittelalterlichen Vorstellungen entspricht.

Durch die sorgfältige Wiederherstellung der rund siebenhundert Jahre alten Farbfassung können wir heute einen einheitlichen Gesamtraum erleben, der über dem Genuss hinausgehend viele Anregungen gibt, über das Raumgefühl der ›gotischen‹ Menschen nachzudenken. Denn soviel steht fest: Wer auch immer diese Klosterkirche einst ausgemalt hat, empfand nicht das geringste Bedürfnis, die roten Backsteinmauern als ›minderwertigeres‹ Material – wie etwa beim älteren Lübecker Dom, der dortigen Marienkirche oder dem Schweriner Dom – durch weiße Farbe und aufgemalte Quader zu ›tarnen‹. Die Doberaner Kirche erscheint in einem warmen, backsteinernen Rot, auf das in regelmäßigem Rhythmus ein weißes Fugennetz aufgemalt wurde.

Auf diesen feinen Unterschied zwischen der rohen Backsteinmauer und der gleichmäßig bemalten Oberfläche kam es damals an, denn sonst hätte man sich nicht die Mühe der aufwendigen und kostspieligen Ausmalung gemacht. Wenn es die Umstände erlaubten – was freilich angesichts der jahrzehntelangen Bauzeiten und politisch unruhigen Jahre selten der Fall war –, gehörte eine zumindest teilweise Ausmalung des Innenraumes zu einem Bauvorhaben dazu. Grundsätzlich wurde ein Kirchenraum erst dann geweiht, wenn die Farbfassung vollendet war. Denn die Farbe erst idealisierte das unregelmäßige Steinmaterial und hob es aus der Sphäre des Irdischen heraus. Das küstentypische Baumaterial Backstein war zur Bauzeit der Doberaner Kirche mindestens seit 150 Jahren, und damit seit mehreren Generationen, verbreitet. In dieser Zeitspanne erwies es sich besonders für die sendungsbewussten Orden der Zisterzienser und Prämonstratenser mit ihren zahlreichen Niederlassungen in der als ›heidnisch‹ abgewerteten ›Wildnis‹ der Ostseeküste als vorzügliches und relativ einfach herzustellendes Baumaterial.

Nur eine Generation nach der endgültigen Landnahme und Unterwerfung der bis dahin in dieser Gegend lebenden Wenden durch das Heer Heinrichs des Löwen in dessen so genanntem ›Wendenkreuzzug‹ wurde 1171 das Doberaner Zisterzienserkloster, gleichsam als strategischer Stützpunkt, von Bischof Berno von Schwerin gegründet. Die Mönche errichteten in Doberan zunächst eine romanische Kirche, die 1232 geweiht wurde. Ein Feuer vernichtete fast 70 Jahre danach, 1291, die flache Holzdecke und den Dachstuhl. Unmittelbar nach diesem Brand begannen die Brüder unter Verwendung der alten Grundmauern mit einem größeren Neubau und schufen in etwa acht Jahrzehnten jene Kirche, die durch verschiedene glückliche Umstände bis heute erhalten ist. Gewiss trug auch ihre Bedeutung als traditionelle Grablege der Herzöge von Mecklenburg dazu bei, dass sie niemals dem Abriss zum Opfer fiel.

Die Lübecker Marienkirche als Vorbild

Mit einer Länge von 76 Metern reicht diese Klosterkirche an ihr Vorbild, die Lübecker Stadtpfarrkirche St. Marien, heran und nimmt es in der Größe sogar mit dem zeitgleichen Schweriner Dom auf. Die für eine Klosterkirche ungewöhnliche Größe und die besonders wertvolle Ausstattung zeugen bis heute vom Machtanspruch und von den finanziellen Möglichkeiten, die das Doberaner Kloster im späten 13. und frühen 14. Jahrhundert einst besessen hatte.

Die Kirche selbst steht noch, und sogar einige Klostergebäude haben den Bau der Straße

Der Blick vom Langhaus mit dem spätgotischen Chorgestühl in den Chor verweist auf das bauliche Vorbild, die Lübecker Marienkirche. Da man weiß, dass im Jahr 1291 die alte romanische Klosterkirche in Doberan abbrannte, nimmt man an, dass die heutige hochgotische Kirche in den Jahrzehnten nach 1291 errichtet wurde.

Der vergoldete Hochaltar von 1310 gilt als einer der ältesten ›Wandelaltäre‹, einer Zwischenform von frühmittelalterlichem Reliquienaltar und dem späteren, aufklappbaren Flügelaltar. Links neben dem Altar steht das 11,60 Meter hohe Sakramentshaus (um 1370), geschnitzt aus Eichenholz und vergoldet. Das Vorbild für diesen überschlanken Aufbewahrungsort von Hostien boten die unvergleichlich kleineren Monstranzen. Die beiden unteren Geschosse des Sakramentshauses zeigen in Nischen unter Maßwerkbaldachinen Figuren aus dem Alten Testament. Darüber sind Gestalten aus dem Neuen Testament sowie die Heiligen Benedikt, Bernhard und Gregor dargestellt.

Das orientalische ›Teppichmuster‹ auf Pfeilern in der Doberaner Kirche gibt einen Hinweis auf die damaligen engen Verbindungen zwischen Europa und dem Orient durch die Kreuzfahrer. Ähnliche Teppichmuster findet man in der Stralsunder Nikolaikirche.

Der Blick in das 26 Meter hohe Gewölbe des – in Relation zur Höhe – schmalen Mittelschiffes zeigt, wie eng sich die Bauherren am klassischen gotischen Wandaufriss französischer Kathedralen anzulehnen suchten. Das dafür charakteristische Triforium wurde in Doberan auf die Mauerfläche aufgemalt.

entlang des Münsters und die damit verbunden Abrisse im Jahr 1830 überstanden. Die Klosteranlage wurde in Folge der Bauarbeiten in den Jahren 1830 und 1925/1930 durch Ausgrabungen untersucht und dokumentiert. Die gotische Klostermauer (1283–1290) wurde 1963 restauriert und ist in ihrer Länge von fast 1,4 Kilometern nahezu vollständig erhalten. Wenn man an ihr entlangspaziert, bekommt man einen Eindruck von der weitläufigen Ausdehnung dieses mittelalterlichen Klosterareals. Im Zuge der Reformation wurde das Zisterzienserkloster Doberan 1553 aufgelöst. Damit endete die Klostergeschichte nach rund vier Jahrhunderten. Mit dem kleinen Ort Doberan sollte es aber später auf andere Weise weitergehen.

Ein halbes Jahrtausend nach der Blütezeit der Backsteingotik gelangte der bis dahin als letzte Ruhestätte der Mecklenburger Herzöge bekannte Ort Doberan durch einen Zufall zu neuer Bedeutung. Herzog Friedrich Franz I. von Mecklenburg erhielt von seinem Rostocker Arzt Samuel Gottlieb Vogel den Rat, in Meerwasser zu baden, da selbiges »bei sehr vielen Schwachheiten und Kränklichkeiten des Körpers« helfe. Der Herzog beschloss daraufhin, das Örtchen Doberan zu seiner Sommerresidenz auszubauen und das Angenehme mit dem Nützlichen zu verbinden. Da aber eine Kur mit Wasser, jedoch ohne geselliges Vergnügen, wenig zu nützen verspricht, beauftragte Friedrich Franz den Architekten Carl Theodor Severin, einen Schüler von Carl Gotthard Langhans und Friedrich Gilly, mit dem Ausbau des Dorfes zu einem Seebad mit repräsentativen klassizistischen Gesellschaftsbauten.

Severin ließ zahlreiche ältere Lehm- und Fachwerkhäuser abreißen und legte neue, breitere Straßen an. Auf der vormaligen Kuhweide, dem ›Kamp‹, wurde eine Gartenanlage geschaffen, in der man als geselligen Treffpunkt in der Mode der Zeit zwei Pavillons im ›chinesischen‹ Stil baute. Schließlich erhielt das kleine Doberan 1879 das Stadtrecht und darf seit 1921 den Stadtnamen mit der Auszeichnung ›Bad‹ adeln. Eine Dampfkleinbahn, der ›Molli‹, bringt seit 1866 Badegäste und Touristen gemächlich schnaufend durchs flache Land in den sechs Kilometer entfernten no-

blen Kurort Heiligendamm, der als erstes Seebad Deutschlands bekannt wurde.

Zwischen den Erholungssuchenden aus den Städten und dem kurzweiligen Sommervergnügen überstand die Zisterzienserkirche den Wechsel der Zeiten. Heute steht sie als Zeuge einer entbehrungsreichen Vergangenheit in der Parkanlage von Bad Doberan. Als das Dorf zum Badeort avancierte, wurde das Klostergelände ab 1793 zu einem englischen Landschaftsgarten umgestaltet. Wo einst Backsteine gebrannt wurden, wächst nun Rasen, und wo die Mönche arbeiteten, kommen Besucher zur Besichtigung. So hat der Wunsch der Zisterzienser nach einer schöneren Kirche und ihre – nennen wir es ›freiere‹ – Interpretation der Bauregeln vorweggenommen, was der Sage nach der Schwan im Doberaner Stadtwappen längst bestätigt hatte, als er auf wendisch »dober, dober!« rief – was man freilich von allen Schwänen hören kann. Doch im Zusammenhang mit der Gründungssage kam der Schwanenruf als vermeintlich göttliche Bestätigung für die Wahl dieses Ortes gerade recht. Bedeutet er doch ›gut, gut!‹. Und gut ist er, der Ort, womit die Legende bewiesen wäre.

Trotz Reformation und Klosteraufhebung im Jahr 1553 ist in Doberan ein großer Teil der originalen Ausstattung erhalten. Dazu zählt auch die Madonna im Strahlenkranz auf der Mondsichel (oben).

In der Chorscheitelkapelle befindet sich die wie eine Bühne gestaltete steinerne Grabkapelle von 1634 für Herzog Adolf Friedrich (gest. 1658, hier erst 1692 beigesetzt) und seine erste Frau Anna Maria von Ostfriesland (gest. 1634).

Der spätmittelalterliche Kreuzaltar (linke Seite) mit dem etwa 15 Meter hohen monumentalen Kreuz. Der Altar entstand um 1365/70 mit einem beidseitigen Bildprogramm in einer norddeutschen Werkstatt. Ungewöhnlich ist die Kombination aus Laienaltar und Triumphkreuz (vgl. Kreuz im Schweriner Dom S. 62).

Reizvolle Kontraste

Vor allem wegen der Rüstungsindustrie wurde Rostock im Zweiten Weltkrieg durch Bomben schwer beschädigt. Nach dem Krieg standen die Stadtplaner angesichts der Dringlichkeit neuer Wohnungen bei dauernder Materialnot vor großen Problemen. Heute bietet Rostock einen spannungsvollen Kontrast aus mittelalterlichen Strukturen, dem Wiederaufbau der frühen DDR und den Maßnahmen nach der Wende.

Rostock ist anders. Ganz anders als seine gleichaltrigen kleineren Hanseschwestern, über denen die Gemächlichkeit der Kleinstadtidylle liegt. Rostocks Innenstadt prägt ein großstädtisches Flair, das junge Leute anzieht. Zeitgenössische Architektur ergänzt die denkmalgeschützten Bauten der 1960er Jahre, ohne die Narben des Krieges zu leugnen.

Die Eigenwilligkeit Rostocks begründet sich in der jüngsten Geschichte. Denn historisch gesehen, hatte sich die mächtige Hansestadt im Mittelalter zunächst parallel zu den Nachbarstädten entwickelt. Rostock rang mit Lübeck und Stralsund um die Vormachtstellung im Hansebund. Und auch Rostock entstand aus einer slawischen Siedlung, die der Stadt den Namen gab. ›Roztoc‹ bedeutet ›Auseinanderfließen‹, und bezieht sich auf den breiten Flusslauf der Warnow, die 15 Kilometer weiter nördlich bei Warnemünde ins Meer mündet und für die Stadtentwicklung entscheidend war. Rostock ist aus vormals drei Siedlungen zusammengewachsen und hatte vier große Stadtkirchen, St. Marien, St. Petri, St. Jakobi und St. Nikolai. Mit der dominierenden Marienkirche schuf sich die aufstrebende Hafenstadt um 1290, etwa gleichzeitig mit den Städten Stralsund, Schwerin und Wismar, ein stadtbildprägendes Machtsymbol, das seine Wirkung bei Zusammenkünften in den Querhäu-

Stadtsilhouette mit St. Marien von der Warnow aus gesehen mit alten und neuen Giebelhäusern.

Die Lange Starße wurde 1953 bis 1960 zu einer Paradestraße ausgebaut.

sern nicht verfehlte. Die Ansicht der Marienkirche gehört zusammen mit den Giebelhäusern am Neuen Markt zu den bekannten Bildmotiven Rostocks. Charakteristisch für die Rats- und spätere Universitätskirche St. Marien sind – ebenso wie für die Marienkirchen in Stralsund und Gdańsk (Danzig) – die mächtigen Querschiffe, die die gleiche Höhe wie der Chor haben und von einem durchgehenden Dach geschlossen sind. Diese Querschiffe eigneten sich gut für die Versammlungen der Bürgervereinigungen, für die Promotionsfeiern ebenso wie für feierliche Unterzeichnungen von Privilegien und Ausstellungen von Urkunden. Seit zwölf Jahren wird St. Marien saniert, seit 1995 auch mit mehr als einer Million Euro von der Deutschen Stiftung Denkmalschutz. In bedrohlichem Kontrast zu dem noch immer gefährdeten Bauzustand steht die wertvolle Ausstattung.

Verglichen mit dem Querhaus ist das Langhaus überraschend kurz und der Westturm proportional sehr niedrig ausgefallen. Dies kam dadurch, dass St. Marien in die bestehende Stadtstruktur eingefügt werden musste und man die älteren Häuser nicht für ein längeres

Folgende Seiten: Hansische Architektur des 20. Jahrhunderts.

Vel Hüsung brukt de nige Stad
de Rat dorüm sin Sorgen he

Kröpeliner Straße 82.

Der Jakobikirchplatz erinnert an die Kirche St. Jakobi.

Kerkhofhaus.

Hausbaumhaus in der Wokrenterstraße 40.

Die gotische Backsteinfassade des Rathauses am Neuen Markt wurde im Barock umgestaltet. Es war ursprünglich aus drei Bürgerhäusern entstanden, die man im 13. Jahrhundert durch eine gemeinsame Giebelfassade verband. Die sieben Türme der alten Fassade schauen hinter dem rosaweißen Fassadenkleid hervor, als wollten sie es bekrönen. Die Anzahl sieben ist nicht zufällig. Sie spielt auf die sieben Türme Lübecks an.

Linke Seite: Typische gotische Giebelhäuser findet man in Rostock trotz des Krieges noch häufig. Daneben gibt es barocke und klassizistisch umgebaute Giebelhäuser, die in der Höhe, in ihren Proportionen und den Gliederungen der Fensterachsen aufeinander Bezug nehmen. Auch die Plattenbauten ordnen sich der Kleinteiligkeit unter (s. auch Bild S. 78 oben).

Mittelschiff abreißen wollte. Durch das kurze Mittelschiff und die mächtigen Querschiffe entsteht der für St. Marien so typische verdichtete Raumeindruck im Inneren, das daher wie ein Zentralbau wirkt. Als die noch nicht vollendete Kirche am 12. März 1398 einstürzte und man ab dem 13. April unerschrocken weiterbaute, fand man zu einer eigenwilligen Chorlösung, die sich am heutigen Bau ablesen lässt. Bis zum Gewölbeansatz wurde der alte Chor mit seinen roten Backsteinen erhalten, und darüber mauerte man im Wechsel von grünen und gelb glasierten Backsteinen weiter, wobei man für die Strebebögen am Obergaden Auszahnungen mauerte. Diese Strebebögen wurden jedoch nie ausgeführt, vielleicht, um sich vom Lübecker Chor abzusetzen, wahrscheinlich aber, weil sie statisch nicht nötig waren, und man sich einen Aufwand nur um der Optik willen sparte.

Auch Rostocks Rathaus am Neuen Markt sieht so ganz anders aus als seine Geschwister in Lübeck oder Stralsund. Das liegt daran, dass man in Rostock auch nach der ruhmreichen Hansevergangenheit wieder zu Geld gekommen war und Anfang des 18. Jahrhunderts vor die ›hässliche‹ Gotik eine ›moderne‹ Barockfassade baute.

Mit 220000 Einwohnern ist Rostock die größte Stadt der deutschen Ostseeküste, und zugleich die am schwersten im Krieg zerstörte. Die Warnow hat daran Schuld, oder besser, die Menschen, die aus der geografisch und strategisch günstigen Lage im 19. Jahrhundert Kapital schlugen. Sie bauten die Hanse- und Universitätsstadt, die 1419 die erste Alma Mater im Ostseeraum gegründet hatte, zur Industriestadt mit großer Schiffswerft aus.

U-Boote statt Backsteingotik

Nachdem 1852 der erste seegehende eiserne Schraubendampfer Deutschlands vom Stapel lief und 1891 die ›Neptun Schiffswerft und Maschinenfabrik AG‹ als erster Industriegroßbetrieb Mecklenburgs zahlreiche Arbeiter anheuerte, und 1925 schließlich die Flugzeugindustrie Rostock als Standort entdeckte, war der rasante Ausbau auch zu einem Zentrum der nationalsozialistischen Rüstungsindustrie ab 1933 nicht mehr aufzuhalten. Rostock vervielfachte seine Einwohnerzahl in wenigen Jahren, zog Arbeiter und Militär gleichermaßen an. Bald stand der Stadtname nicht mehr für Backsteingotik, sondern für U-Boote und Flugzeuge. Das brachte Reichtum für wenige Jahre und eine furchtbare Zerstörung im Krieg. Was danach blieb von dem kurzlebigen Aufschwung, waren Leid, Armut und Trümmerberge. Die Geschichte erklärt das kontrastreiche Straßenbild Rostocks, das seine Spannung aus dem unmittelbaren Nebeneinander der Jahrhunderte bezieht. Manche Straßen und Plätze lassen den Besucher unvermittelt in die Backsteinschönheit eintauchen. Eine Ecke weiter glaubt man sich dann in einer Großstadt mit höchst aufwendigen Hochhäusern. Die ›Lange Straße‹ ist eine Nachkriegs-Magistrale, die den kleinteiligen mittelalterlichen Stadtleib am Neuen Markt und nördlich von St. Marien winkelförmig zerteilt hat. Nachdem die aufwendig in Backstein gemauerten ›stalinistischen Bauten‹ mit den handgefertigten Sandsteinreliefs gereinigt und restauriert sind, konnten sie einen ganz eigenen Charme entwickeln. Inzwischen zählen sie zu den begehrten Geschäfts- und Wohnlagen Rostocks.

Nach der Zerstörung ganzer Straßenzüge im Zweiten Weltkrieg diskutierten die Stadtplaner und Denkmalpfleger das neue Erscheinungsbild der zukünftigen Industriestadt, die ihre mittelalterliche Altstadt nicht verlieren sollte. Eine völlige Rekonstruktion kam in den 1950er und 60er Jahren nicht in Frage, und Hochhausvorschläge wie in vielen westlichen Städten wurde abgelehnt. Die soziale Situation war von Wohnungsnot und Mangel an Baumaterial geprägt. Die aus Beton gießbaren Platten, die man vorfabrizieren und vor Ort

St. Marien am Neuen Markt wurde aufwendig gemauert. Lagen von glasierten und unglasierten Backsteinen wurden im Wechsel vermauert. Sie verleihen der Kirche ein ›gestreiftes‹ Äußeres.

Die Dächer von St. Marien wurden jüngst erneuert, aber die Gewölbe warten noch auf die Restaurierung. Der engagierte Förderverein ›Stiftung St.-Marien-Kirche zu Rostock e.V.‹ wird von Bund, Land, Kommune, Deutscher Stiftung Denkmalschutz und vielen ungenannten Privatleuten unterstützt. Ohne Spenden wäre St. Marien nicht zu retten.

zusammenfügen konnte, boten in dieser Situation eine bezahlbare, technologisch interessante und zeitsparende Lösung. Die Plattenbauten in Rostock galten damals als vorbildlich. Mit den eigens für die Rostocker Altstadt entworfenen Bauteilen orientierte man sich an der kleinteiligen Struktur des historischen Fassadenbildes, ohne es zu kopieren. Viele Bürger waren über eine Wohnung in den Neubauten froh, weil sie im Unterschied zu den maroden Altbauten trocken und mit fließendem Wasser versorgt waren.

Zwischen den Strukturen des 20. Jahrhunderts ruhen sie scheinbar unverwüstlich, die mittelalterlichen Backsteinkirchen, bis auf eine, St. Jakobi. Die Ruine wurde nach starker Kriegsbeschädigung abgetragen. Seit 2003 erinnert der Jakobikirchplatz als begehbares Denkmal eindrucksvoll an die Kirche.

Die Nikolaikirche konnte man durch eine Umnutzung erhalten, indem man unter ihrem Kirchendach zwanzig Wohnungen schuf. Im Turm wurden die Büros der Kirchenverwaltung eingerichtet.

St. Petri, die älteste Kirche Rostocks und mit ihrem Turm ein Wahrzeichen der Stadt, konnte in jahrzehntelangem Ringen der Bürger als Kirche erhalten werden. Die dreischiffige Backsteinbasilika wurde in der Mitte des 14. Jahrhunderts auf einem Vorgängerbau errichtet. Ein Blitzschlag zerstörte 1543 den Kirchturm. Beim Wiederaufbau »warf ihn ein heftiger Sturm um Mitternacht aufs Neue mit furchtbarem Krachen auf den Boden«, berichtet eine Chronik. Der 1578 errichtete dritte Turmhelm sollte 364 Jahre halten, bis er im April 1942 abermals in die Tiefe stürzte. Auch das Kirchenschiff wurde schwer beschädigt, konnte aber später saniert werden.

Die Kirchengemeinde von St. Petri bemühte sich zu Zeiten der DDR, eine Genehmigung für den Wiederaufbau des schlanken Turmabschlusses zu bekommen. Obwohl Schweden und die Bundesrepublik Deutschland Unterstützung zusagten, lehnte die SED das Vorhaben ab. Nach der Wende gründete sich der ›Förderverein Petri-Kirche Rostock e.V.‹, der sich seit 1991 dafür einsetzte, dass der Turm seine alte Höhe von 117 Metern wieder erreichte. Viele Bürger unterstützten den Verein durch den Kauf von Kupferplatten zu je 250 Mark für die 2000 Quadratmeter große Dachhaut. Zur Erinnerung sind ihre Namen in der Kirche zu lesen. Auch die Deutsche Stiftung Denkmalschutz beteiligte sich an der Dacheindeckung. Am 13. November 1994 hievte schließlich ein Kran die neue kupferne Spitze auf den Turm.

Seit die Warnowwerft nach der Wende auf dem Weltmarkt nicht mehr konkurrenzfähig war, verloren viele Menschen ihre Arbeit. Wer aber als Gast hierher kommt, sieht und spürt an vielen Ecken, dass die Rostocker nicht aufgegeben haben. Ihre Stadt ist lebendig.

Die folgenden Doppelseiten zeigen die einzigartige Ausstattung von St. Marien in Rostock.

Die wertvolle Ausstattung von St. Marien ist noch immer gefährdet, auch wenn die Kirchendächer in den letzten Jahren saniert wurden. Provisorisch sind Netze gespannt, die die Besucher und die Ausstattung vor herabfallenden Gewölbeteilen schützen. Zu den einzigartigen Kunstwerken in St. Marien gehören Glocken, gotische Altäre (rechts ein Ausschnitt, der das Martyrium des Heiligen Sebastian zeigt), Epitaphien (S. 86), die Kanzel von 1574, die Orgel (S. 87 oben), die bis heute funktionierende astronomische Uhr, die auf Nikolaus Lilienfeld zurückgeht (S. 87 unten), und das gotische Taufbecken (S. 88/89).

St. Marien birgt außerdem wertvolle Textilien wie den Marienteppich und das sogenannte Hochzeitstuch (rechte Seite). Der in der ersten Hälfte des 16. Jahrhunderts entstandene Marienteppich thematisiert die apokalyptische Madonna, die von gestickten Rosenranken, Weinlaub, Heiligen und Tieren wie dem Pelikan (rechte Seite unten) umgeben ist. Das etwa zeitgleich entstandene Hochzeitstuch (darüber) zeigt ein bürgerlich gekleidetes Paar mit Wappen, das ebenfalls von feinsten, seidengestickten Tier- und Pflanzendarstellungen umrahmt wird.

CVM*FVIT
BAPT

Das bronzene Taufbecken in St. Marien entstand laut Inschrift am unteren Schriftband des kegelförmigen Deckels im Jahr 1290, vermutlich in Rostock. Den Wasserkessel tragen vier kniende bärtige Männer, die die vier Paradiesflüsse bzw. die vier Elemente symbolisieren. Der Deckel wird von einem Adler bekrönt. Die Wandung des Kessels ist durch drei Inschriftenbänder in zwei Bildstreifen geteilt, die Szenen aus dem Leben Jesu zeigen. Die Reliefs zeichnen sich durch Detailreichtum und Erzählfreude aus: So hinterlässt etwa Jesus Christus bei seiner Himmelfahrt Fußabdrücke im Sand.

Ein Mühlenaltar

Das kleine Städtchen Tribsees, 40 Kilometer südwestlich von Stralsund, birgt in der Stadtkirche St. Thomas ein kunsthistorisches Kleinod: einen spätgotischen Mühlenaltar mit einer Darstellung der ›Eucharistischen Mühle‹.

Auf der mittleren Tafel des dreiflügeligen Mühlenaltars in der Stadtkirche von Tribsees sieht man die vier Evangelisten mit goldenen Engelsflügeln an einem Mühlentrichter stehen. Aus goldenen Säcken schütten sie etwas in eine Mühle. Von links nach rechts stehen sie nebeneinander: Markus mit dem Löwenkopf, Matthäus in Engelsgestalt, Johannes mit dem Adlerkopf und Lukas als Stier. In der Sphäre über ihnen schwebt, durch eine Wolkenschicht kenntlich gemacht, von Engeln, Sonne und Mond begleitet, Gottvater selbst, der als gütiger Herrscher über das dargestellte Geschehen wacht.

Doch was machen die Heiligen Männer an einer Getreidemühle? Sie geben Texte aus ihren Evangelien zum Mahlen hinein, wie durch die Spruchbänder gezeigt werden soll. Die symbolisch verpackte Information ist eindeutig. Die Evangelisten verkünden die ›Frohe Botschaft‹, sie berichten von der Menschwerdung des Wortes, denn »Im Anfang war das Wort / und das Wort war bei Gott, / und Gott war das Wort.« (Joh. 1,1). Die zwölf Apostel, die das geschriebene Wort Gottes in die Welt getragen haben, stehen als Zeugen zu beiden Seiten der Mühle. Die Worte der Evangelisten erfahren durch die Mühle symbolhaft eine

Umwandlung. Die vier Spruchbänder kommen als einziges Band vereinigt unten aus der Mühle heraus, und dieses Spruchband mündet in der Gestalt des Jesuskindes. Es wird von den vier Kirchenvätern, die genau eine Etage unter den vier Evangelisten knien, in einem goldenen Kelch aufgefangen. Die Kirchenväter empfangen auf der weltlichen Ebene die Fleisch gewordene Botschaft aus dem Himmel. Die Mühle, die sonst zur Herstellung von Mehl für das Grundnahrungsmittel Brot dient, verweist damit auf die grundlegende Bedeutung der Lehre und versinnbildlicht zugleich Jesus Christus selbst: Durch den Mahlgang wird das Wort zum Fleisch (Inkarnationsgedanke), aus dem Mahlgang kommt das Brot des Lebens (Eucharistiegedanke) und im Mahlgang wird Christus geopfert (Passionsgedanke).

Außer diesem Altar in Tribsees gibt es in der Region der Backsteingotik drei weitere spätgotische Altäre mit Darstellungen der ›Eucharistischen Mühle‹. Die älteste befindet sich auf einem Altar der ehemaligen Klosterkirche Doberan. Sie wird in das erste Viertel des 15. Jahrhunderts datiert. Eine weitere Mühlendarstellung zeigt der Altar der Retschower Dorfkirche, sieben Kilometer südlich von Doberan, der um 1470 entstand. Er wurde ebenso wie der Tribseeser Altar mit Unterstützung der Deutschen Stiftung Denkmalschutz restauriert. Der dritte Mühlenaltar ist in der ehemaligen Zisterzienserkirche zum Heiligen Kreuz in Rostock, heute Universitätskirche, zu sehen.

Vermutlich kam das Motiv der Eucharistischen Mühle durch die Zisterzienser nach Mecklenburg, weil die Hostienverehrung bei den Doberaner Zisterziensern eine besondere Rolle spielte. Das fast zwölf Meter hohe Sakramentshaus in Doberan (S. 71) spricht ebenfalls für diese Tradition. Insgesamt weiß man in der Bundesrepublik von sieben Mühlenaltären.

Mitteltafel des dreiflügeligen Mühlenaltars in St. Thomas in Tribsees mit der Darstellung der Eucharistischen Mühle.

Ein Detail islamischer Architektur

Durch den Handel, durch Kriege und durch Reisen der Bauleute verbreiteten sich Bauformen im Mittelalter. Da man damals weniger bemüht war, eine völlig neue, originelle Bauform zu erfinden als sich am Bestehenden zu orientieren, schaute man genau hin, wie es die anderen machten.

Verfolgt man ein einzelnes Architekturmotiv, wie etwa den Kreuzbogenfries, auf seiner motivgeschichtlichen ›Wanderung‹ von Spanien und Italien nach Deutschland, wird einmal mehr deutlich, wie eng im Mittelalter in Europa die Handelsbeziehungen und der kulturelle Austausch waren. An der im Jahr 999 erbauten ehemaligen Moschee in Toledo taucht der Kreuzbogenfries vermutlich zum ersten Mal auf. Dort wurde er aus Hufeisenbögen gemauert, die sich zur Hälfte ihrer Breite überschneiden. Nach der Eroberung Toledos im Jahre 1085 durch die christlichen Heere wurde die Moschee in die Kirche Cristo de la Luz umgewandelt. Schließlich erweiterte man sie 1187 um einen Chor und übernahm dabei auch die ortsübliche Backsteintechnik der Mauren.

Beim Bau der nahe gelegenen Puerta del Sol taucht das Motiv des Kreuzbogens im 12. Jahrhundert wieder auf, jetzt aber bereits in der abendländischen Variante aus der Durchdringung von Rundbögen. Pilger auf dem Weg nach Santiago de Compostela oder Kreuzfahrer, die an der ›Reconquista‹ genannten Befreiung Spaniens von den Mauren teilnahmen, brachten das Motiv von Spanien nach Norditalien. Dort findet es sich im 12. Jahrhundert an Bauten wie Sant'Ambrogio in Mailand und den Domen von Modena, Vercelli und Fidenza.

Da es im norddeutschen Flachland keinen Haustein gab und die von den Gletschern der Eiszeit herrührenden Granitfindlinge für größere Bauvorhaben eher eine Notlösung darstellten, sorgten die Zisterzienser und Prämonstratenser seit Mitte des 12. Jahrhunderts für eine Verbreitung der Backsteintechnik von Oberitalien bis nach Norddeutschland. Mit dieser Lösung des Materialproblems brachten norditalienische Ziegelbrenner wohl auch das Motiv des Kreuzbogenfrieses an die 1148 begonnene Klosterkirche der Prämonstratenser in Jerichow (Sachsen-Anhalt).

Wenige Jahre später taucht das Motiv am Dom zu Ratzeburg auf (Bilder S. 8/9), der durch die finanzielle Förderung Heinrichs des Löwen 1160/70 begonnen wurde. Kurz danach wird der Kreuzbogenfries beim Dom zu Lübeck verwendet, einer Stiftung desselben Sachsenherzogs.

Von Ratzeburg aus gelangte der Kreuzbogenfries auch an die Dorfkirche im mecklenburgischen Vietlübbe, in der Nähe von Gadebusch, und etwa gleichzeitig an die Klosterkirche der Zisterzienser in Doberan (Bilder S. 66/67). Dort findet man den Rest eines Kreuzbogenfrieses an der heutigen Westfassade. Nach einem für das Jahr 1291 überlieferten Brand der ersten Klosterkirche übernahmen die Zisterzienser offenbar Teile des Vorgängerbaus in den gotischen Neubau. Wenn das Mo-

Auch an der Dorfkirche in Vietlübbe findet man das Motiv des Kreuzbogenfrieses.

Die Klosterkirche Jerichow (links) in Sachsen-Anhalt, Blick von Südosten auf den Chor mit dem aus Backstein gemauerten Kreuzbogenfries. Bei genauem Hinschauen kann man erkennen, dass die Mauerfläche unter den Kreuzbögen und zwischen dem Klötzchenfries unter dem Zahnfries – auch ›Deutsches Band‹ genannt – vormals weiß gestrichen war. So erzeugte man mit relativ einfachen Mitteln ein plastisches Schmuckband. Der Sockel der Klosterkirche wurde, wie so oft, in Haustein bzw. aus Granitfindlingen der Umgebung gearbeitet, damit die Kirche gut fundamentiert war und von unten keine Feuchtigkeit ins Mauerwerk zog.

tiv auch an der gotischen Klosterkirche von Danzig-Oliva (Gdańsk) auftritt, so ist wohl die gemeinsame Zugehörigkeit zum Zisterzienserorden das Bindeglied.

Es war neben den weit verzweigten Handelsbeziehungen die schnelle Ausbreitung der Zisterzienser- und Prämonstratenserklöster innerhalb weniger Generationen in ganz Westeuropa, durch die Schmuckformen wie der Kreuzbogenfries vom maurischen Spanien über Oberitalien bis nach Norddeutschland ›wandern‹ konnten. Die Mönche waren entscheidend an der Weiterentwicklung der Bautechnik mit Backstein beteiligt.

Das Mittelalter hat neben dem Kreuzbogenfries eine Fülle von Friesformen hervorgebracht. Unter einem Fries versteht man in der Baukunst einen schmalen Streifen am oberen Rand einer Mauerfläche, meist unter der Traufe – wie am Chor der Vietlübber Dorfkirche oder am Ratzeburger Dom. Friese sind nicht statisch notwendig, sondern reine Schmuckelemente, die seit der Antike zur Abgrenzung oder Teilung von Flächen bekannt sind.

An Backsteinbauten findet man neben dem in der normannischen und islamischen Baukunst beliebten Kreuzbogenfries auch den einfachen Rundbogenfries. Wenn man Backstein statt glatt hintereinander, über Eck stehend vermauert, erhält man den sogenannten Zahnfries, der auch ›Deutsches Band‹ genannt wird. Auf diese Weise kann man aus einfachen rechteckigen Steinen ein wirkungsvolles Schmuckband mauern.

Vom Meer erzeugt

»Meerstadt ist Stralsund, vom Meer erzeugt, dem Meere ähnlich, auf das Meer ist sie bezogen in ihrer Erscheinung und in ihrer Geschichte«, so lautet die vielzitierte und treffliche Beschreibung der Schriftstellerin Ricarda Huch. Wer die Handelsstadt gegenüber von Rügen begreifen will, darf nicht versäumen, ihren majestätischen Anblick von der Insel aus zu erleben.

Heringe waren es, die den Lübecker Stadtrat derart in Rage brachten, dass er sich zu einer einschüchternden Maßnahme gegen die Konkurrenzstadt Stralsund entschloss. Die Herren entführten kurzerhand einige der reichsten Bürger Stralsunds. Beim Geld hört bei Kaufleuten bekanntlich die Freundschaft auf.

Was war passiert? Bevor die jungen, wirtschaftlich rasant aufstrebenden Küstenstädte nach jahrzehntelangen Kriegen untereinander, nach gegenseitigen Überfällen und blutigen Mann-gegen-Mann-Kämpfen einsahen, dass auf Dauer nur der Schulterschluss allen wirtschaftlichen Gewinn bringen würde, lieferten sich vor allem die beiden erfolgreichen Städte Lübeck und Stralsund einen zermürbenden Kampf. Einen Kampf um Geld, Macht und Privilegien. Nach dem Sieg des dänischen Bischofs von Roskilde über den Fürsten von Rügen 1168 wurden die Küstenstädte längst nicht mehr durch äußere Feinde bedroht. Nun ging es darum, Handelsmonopole sicherzustellen und zu verhindern, dass die Konkurrenten selbst den Kontakt mit den Warenerzeugern aufnahmen oder in fremden Gewässern fischten. Wenn ›Landratten‹ es wagen sollten, selber über die Ostsee zu segeln, um Waren di-

Linke Seite: Blick vom Turm von St. Marien auf die Altstadt, links St. Nikolai und rechts St. Jakob.

Eine der typischen Dielen der Kaufmannshäuser, die über Jahrzehnte von einem Privatmann restauriert wurde.

Der Jachthafen in Stralsund, im Hintergrund die Marktkirche St. Nikolai.

Das Wulflamhaus, das Wohnhaus des Bürgermeisters Wulflam, übersetzt die Formen des Rathauses in den privaten Hausbau.

rekt einzukaufen, sollten sie um ihr Schiff und ihr Leben bangen. Die Städte an der Ostsee erließen zum Schutz ihrer Handelsprivilegien erstaunlich anmutende Gesetze und Preisbindungen. Abgesehen von dem lukrativen Heringsgeschäft erzeugten sie kaum etwas selbst, sondern lebten vom Zwischenhandel: Wer kostbare Stoffe, Spitzen oder Gewürze von Flandern nach Bergen verschiffte, Getreide und Bier in Skandinavien gegen Stockfisch und Hering tauschte, Weine aus Frankreich und Zinn aus England, Pelze und Honig aus Nowgorod in Brügge anbot, verdiente am Handel mehr als die Hersteller selber. Die Rechtfertigung für diese Cleverness des neuen Standes der Bürger nennt man heute ›unternehmerisches Risiko‹.

Auch bei der anfangs erwähnten Entführung der Stralsunder aus ›Heringsgründen‹ ging es um Geld. Um viel Geld, denn bei kleinen Fischen macht es die Menge: Fürst Wizlaw I. von Rügen hatte dem kleinen Fischerort, aus dem die Stadt Stralsund hervorgehen sollte, zum Ärger der Stadt Lübeck 1224 das Privileg verliehen, aus den reichen Heringsbeständen vor Rügen, vor ihrer Haustür, fischen zu dürfen und mit den Heringen auch zu handeln. Kein Lübecker durfte sich fortan in Rügener Gewässer vorwagen, sondern hatte den Preis der Stralsunder für Heringe hinzunehmen. Eine untragbare Situation für das mächtigere Lübeck, konnten doch die aufstrebenden Stralsunder noch nicht einmal das Stadtrecht vorweisen. Noch nicht. Denn zehn Jahre später, 1234, war es bereits soweit: Fürst Wizlaw I., der sie schon mit dem Heringsprivileg gefördert hatte, verlieh den beiden zusammengewachsenen Siedlungen um den Alten und den Neuen Markt das Recht, sich ›Stadt‹ nennen zu dürfen und damit die begehrte Unabhängigkeit vom Landesherren und eine eigenständige Verwaltung und Gerichtsbarkeit aufzubauen. Stadtrecht, das hieß zu dieser Zeit magdeburgisches oder das von Lübeck gegebene ›Lübische Recht‹.

UNESCO-Welterbestadt

Die Entführung wegen des Heringsprivilegs ist mehr als eine zum Schmunzeln anregende Anekdote. Dahinter steckt ein unerbittlicher Konkurrenzkampf zwischen den Städten, bei dem es um ganz handfeste Pfründe ging. Die wirtschaftliche Überlegenheit der so günstig an Kreuzungen von Fernhandelsstraßen und am Meer gelegenen Hansestädte ließ mit der Veränderung der Gesellschaft, der Verlagerung der Handelsverbindungen in außereuropäische Kolonien und der Entdeckung Amerikas langsam nach. Sie endete schließlich mit dem Dreißigjährigen Krieg.

Bis dahin aber dauerte die Zeit der Hanse, die vom 13. bis 15. Jahrhundert jene Stadtbilder mit den großen Backsteinkirchen schuf, die neben der unvergleichlichen Küstenlandschaft der Ostsee zu touristischen Anziehungspunkten geworden sind. Der den Städten Wismar und Stralsund 2002 von der UNESCO verliehene Ehrentitel ›Welterbe‹ würdigt diese Bedeutung. Der Grund aber, warum die gotischen Stadtanlagen die Jahrhunderte überdauerten, ist letztlich im Geldmangel zu finden. Denn die Stralsunder hatten nach der Hansezeit nie wieder genug Geld, ihre mittelalterliche Stadt grundlegend zu erneuern.

Zu wirtschaftlicher und politischer Bedeutungslosigkeit herabgesunken, erlebten die Küstenstädte nach dem Dreißigjährigen Krieg nie wieder eine solche Blütezeit wie nach ihren Gründerjahren. Nie wieder führte der Reichtum vieler einzelner Kaufleute, ihrer Zünfte und die durch Verträge zwischen den Städten gesicherte jahrelange innere Friedenszeit der Küstenregion dazu, dass sich vergleichsweise kleine Städte überdimensionierte backsteinerne Kirchen in gewagter Höhe, mit reicher Ausstattung und waghalsigen Baukonstruktionen erlauben konnten.

Der Anblick der mittelalterlichen Häfen hätte gezeigt, woher der Wohlstand kam. In der Bucht von Wismar, vor Rostock und im Strelasund zwischen Stralsund und Rügen lag ein Handelsschiff neben dem anderen. Manche Quellen nennen »Hunderte von Schiffen«, was für die Blütezeit der Hanse durchaus glaubwürdig ist. Über Jahrzehnte hinweg muss eine unvergleichliche Aufbruchstimmung in den jungen Städten geherrscht haben, die zunächst einmal ganz profan gebaut werden mussten. Nie zuvor wurde an der Küste so viel Material in so kurzer Zeit gebraucht, wurden Arbeitskräfte gesucht und wollten viele Menschen mit Nahrung, Kleidung und einem Dach über dem Kopf versorgt sein. Durch systematische Rodung schufen vor allem die Zisterziensermönche große Ackerflächen in dem fruchtbaren Land. Auch die geschlagenen Bäume wurden dringend gebraucht, denn es galt, Brennholz für Millionen von Backsteinen zu gewinnen und außerdem Baumaterial für zahllose Schiffe zur Verfügung zu stellen.

Hoffnung auf ein besseres Leben

Die neuen Stadtbewohner waren risikobereit, denn ›Stadt‹ bedeutete für die meisten eine neue Form des Zusammenlebens in einem

Charakteristisch für die konkurrierenden Handelsmetropolen Lübeck und Stralsund ist die bauliche Einheit von Rathaus und Ratskirche am Marktplatz, dem öffentlichen Mittelpunkt der Stadt. Mit Absicht kopierten die Stralsunder Ratsherren die Lübecker Bautengruppe. Zugleich gelang es ihnen, sie in der Höhe durch einen aufwendigen, über das dahinterliegende Dach hinausragenden Maßwerkgiebel zu übertreffen. Das Stralsunder Rathaus erhielt seine Schmuckfassade vor dem Jahr 1370, dem Jahr des ›Friedens von Stralsund‹. Die Fassade ist heute durch die Restaurierung des späten 19. Jahrhunderts geprägt.

Die Ratskirche St. Nikolai am Marktplatz wurde von den Ratsherren und Patriziern besonders reich und kunstvoll ausgestattet. Viele Altäre, Figuren und die von Nikolaus Lilienfeld 1394 geschaffene astronomische Uhr sind trotz Reformation und Kriegszerstörung im Zweiten Weltkrieg erhalten. Der wertvolle Hochaltar von St. Nikolai (unten ein Ausschnitt) entstand in einer Stralsunder Werkstatt, die namentlich nicht näher bezeichnet werden kann. Er wurde 1470 gestiftet und bald danach geschaffen. Das Holz wurde aus dem Baltikum importiert. Der Hochaltar und viele andere Ausstattungsstücke werden seit einigen Jahren restauriert.

Die Kirche ist 86 Meter lang und im Mittelschiff fast 30 Meter hoch. Überraschend ist die farbenprächtige Ausmalung, die nach Befunden der ersten Farbfassung (um 1350) nach 1980 rekonstruiert wurde. Die ältesten Chormalereien entstanden im ersten Drittel des 14. Jahrhunderts, die jüngsten im frühen 15. Jahrhundert. Bei den figürlichen Malereien wurden die Köpfe der dargestellten Personen plastisch aus den Kapitellen herausgearbeitet.

Nachdem Stralsund 1249 von den Lübeckern belagert wurde, planten die Patrizier wenig später die Erweiterung ihrer bestehenden Stadt- und Pfarrkirche St. Nikolai. Offenbar gab es um 1270 sehr enge Verbindungen zwischen den Großbaustellen am Lübecker Dom, an St. Marien in Lübeck und in Stralsund. Während St. Nikolai noch Baustelle war, wurde im Jahr 1293 ein Städtebündnis zwischen Stralsund, Lübeck, Rostock und Greifswald geschlossen, das sich rückblickend als Vorstufe zur Hanse erweisen sollte. Dennoch dauerte es mehr als ein halbes Jahrhundert, bis 1356 in Lübeck der erste Hansetag stattfand. Dort besiegelten die Städte die Einsicht, dass man auf Dauer gemeinsam stärker ist.

Rechte Seite: Das Museumshaus in der Mönchstraße 38 ist eine Besonderheit Stralsunds und ein ungewöhnliches begehbares Denkmal. Das fast siebenhundert Jahre alte Kaufmannshaus gilt nicht nur als eines der ältesten Bürgerhäuser Stralsunds. Es wäre beinahe abgerissen worden, denn bereits 1979 waren die letzten Mieter wegen des schlechten Bauzustandes ausgezogen. Das Haus stand zehn Jahre leer, bevor die Erbengemeinschaft es 1990 der Deutschen Stiftung Denkmalschutz schenkte. Die Stiftung sanierte es in enger Zusammenarbeit mit den Denkmalpflegern und Restauratoren mit einem ungewöhnlichen Konzept. Die Nutzungsschichten der Jahrhunderte wurden konserviert und sichtbar gemacht. So finden sich beispielsweise Tapetenschichten aus mehreren Jahrzehnten Alltagsgegenstände, die man hinter Einbauschränken in dem vermeintlich leergeräumten Haus fand. Als Besucher ersteigt man die verwinkelten Räume über Stiegen, klettert wie in einem dreidimensionalen Bilderbuch über mehrere Speichergeschosse bis zum Lastenaufzug unter dem Dach, der über alle Jahrhunderte hinweg funktionierte und auch bei der aufwendigen Sanierung gute Dienste leistete.

überwiegend ländlichen Nordeuropa. Risikobereit, weil sie ihre dörfliche Heimat verlassen und meist nichts zu verlieren hatten. Manche Menschen waren aus Westfalen oder Niedersachsen Hunderte Kilometer zu Fuß, mit Karren oder – wer es sich leisten konnte – einem Pferd gekommen, viele kamen über den Seeweg, oft aus wirtschaftlicher Not, seltener wegen ihrer religiösen Überzeugung, aber immer in der Hoffnung auf ein besseres Leben.

Natürlich brachten die jüngeren Neuankömmlinge eine große Bereitschaft mit, etwas Neues zu schaffen, vergleichbar mit den ersten Siedlern in Amerika, die oft aus politischen und religiösen Gründen aus der ›alten Welt‹ gekommen waren. Und natürlich verlangten die Siedlungen nach einer eigenen Identität, die sie als Gemeinschaft auswies und von der Nachbarstadt und vom Umland abgrenzte. Mit den Kirchen schufen sich die Neubürger gemeinschaftsstiftende Mittelpunkte. Die Kirche St. Nikolai war bis zur Reformation weit mehr als nur ein Ort für Gottesdienste. Sie war der repräsentativste Raum der Bürgerschaft. Dort wurden Gesandtschaften empfangen, in den Gestühlen verhandelten Kaufleute mit Kunden und Geschäftspartnern, dort empfing der Stadtschreiber seine Klienten, und oft wurden mehrere Messen gleichzeitig vor den 56 Altären gelesen, die man bis Anfang des 16. Jahrhunderts in der Kirche zählen konnte.

Im Unterschied zur späteren Eroberung Amerikas war die Landnahme im heutigen Mecklenburg-Vorpommern vermutlich stärker von einem christlichen Sendungsgedanken getragen. Es ging auch darum, die vermeintlich ›Wilden‹ zu kultivieren, zu bekehren und eine einzige, verbindliche Religion durchzusetzen. Wenn aber das Töten von Menschen mit anderem Glauben, die an der Küste lebten, die bis dahin nicht angegriffen, sondern nur ihr Land und Leben verteidigt hatten, unter dem Sachsenherzog Heinrich dem Löwen – der Name ist Programm – mit ›Wenden-Kreuzzug‹ überschrieben wurde, was konnte dann noch den Pioniergeist der neuen Siedler zügeln, die nichts zu verlieren hatten und mit religiöser Überzeugung die vermeintlichen slawischen ›Heiden‹ vertreiben und ihnen das Leben nehmen durften?

Den Stadt- und Klostergründungen in Stralsund, Wismar, Schwerin und anderen Orten lagen immer auch strategische Entscheidungen zugrunde. Durch systematische Besiedlung mit steinernen Häusern und Kirchengründungen wurden Fakten in der slawisch besiedelten Landschaft geschaffen. Auch deshalb sollten sie von weitem sichtbar sein, die neuen Städte.

Stralsund liegt strategisch besonders günstig, denn es ist vom Meer ebenso wie vom Land durch eine Folge von teilweise künstlichen Seen und durch ehemalige Moore und Sümpfe geschützt, durch die sich kein Ortsunkundiger wagte. Stralsunds imponierende Stadtmauer versprach wie eine große Burg Sicherheit und Schutz, gegen die alten Feudalherren, gegen Angreifer und gegen die Wildnis. Die in den Himmel ragenden Türme der Kirchen und die Giebel der Patrizierhäuser sprechen eine unmissverständliche Sprache. Sie verweisen auf die soziale und wirtschaftliche Verwaltungsform der Stadt als einer bürgerlichen Oligarchie. Die Holzhäuser zwischen den Steingebäuden, die Lehmhäuser und sogenannten Buden der Handwerker haben die Zeiten nicht überdauert. Von ihrer räumlichen Gliederung weiß man ebenso wenig wie vom Alltag der ›Tagelöhner‹, jener Menschen, die auf Gelegenheitsarbeiten angewiesen waren und die auf der Straße, in Erdlöchern und Verschlägen schliefen.

Erhalten sind die massiven Backsteinbauten und das Straßennetz. Nicht zufällig ist die Geschichte von Städten, die nicht langsam aus einer kleinen Siedlung ›gewachsen‹ sind, sondern in kurzer Zeit planmäßig angelegt wurden, bis heute an einem relativ regelmäßigen Straßen- und Grundstücksraster ablesbar. Bei allen schnellen Neugründungen – seien es römische Kastelle oder die aus dem Flugzeug in der Landschaft erkennbaren gerasterten amerikanischen Städte – bezeugt die Regelmäßigkeit des Gitternetzes ihren Ursprung.

Der rechteckige Marktplatz repräsentiert als öffentliches Zentrum den Lebensnerv der Stadt, den Handel. Die einflussreichen Kaufleute erwarben die teuren, etwa neun mal dreißig Meter großen Grundstücke am Marktplatz. Das Rathaus als Zentrum der Verwaltung und des Handels bot das bauliche Vorbild für die privaten Häuser. Vom Wetteifern der Kaufleute um den aufwendigsten Maßwerkgiebel profitierten aber alle Bürger, denn der gestalterische Ehrgeiz verschönerte mit jeder Variante das Stadtbild.

Häuser wie das des Stralsunder Bürgermeisters Wulflam (S. 96) gegenüber dem Rathaus sind selbstbewusster Ausdruck eines Bürgers,

Der Kirche St. Marien mit ihrem kräftigen, von weitem sichtbaren Westturm sieht man an, dass ihr eine neue Bauauffassung zugrundelag: St. Marien entstand ein Jahrhundert nach der Ratskirche St. Nikolai und vielen anderen Basiliken. In der Spätgotik hat man andere bauliche Ideale entwickelt: Nun geht es um das mächtige Volumen des Gesamtbaus, die optische Vereinheitlichung der Baukörper und die Vereinfachung der Einzelformen. Sogar die Strebepfeiler wurden in den Chor hineingezogen.

St. Marien wurde ›in einem Zuge‹ errichtet und nach dem Turmeinsturz des Vorgängerbaus (1382/84) durch die besonders wohlhabende Zunft der Gewandschneider finanziert. Diese sind nicht mit den Tuchmachern zu verwechseln, die nur mit Stoffen handeln, sie aber nicht zuschneiden durften. Durch große Geldbeträge ging der Bau zügig weiter, und 1411 war das Querschiff vollendet. Bis 1416 hatte man das Langhaus so weit vorangetrieben, dass man mit dem Westbau (rechts) beginnen konnte. Er wurde mit einem 150 Meter hohen Turm abgeschlossen, der fast zweihundert Jahre bestand. Im Jahr 1647 beschädigte der gefürchtete Blitzschlag das stolze Wahrzeichen, das daraufhin eine barocke Haube erhielt. Der Turm wurde jüngst umfassend saniert und erhielt ein neues Kupferdach.

der sich Wohlstand und Ansehen erarbeitet hatte. Nicht zufällig übernehmen die Bürger der Hansestädte die aus dem Burgenbau des Adels bekannten Bauformen. Im Unterschied zu heutigen, oft hinter Mauern verborgenen Privatvillen reihten sich in der Bürgerstadt des Mittelalters die Giebelhäuser der wohlhabenden Bürger wie Perlen an einer Schnur entlang der wichtigen Straßen. Sie verstanden sich als Bestandteil des öffentlichen Stadtraums ›ihrer‹ Stadt. Die großen Kirchen Stralsunds wären niemals begonnen worden, hätten sich nicht einzelne Bürger und Berufsgruppen verpflichtet gefühlt, von ihrem erwirtschafteten Reichtum einen Teil zur höheren Ehre Gottes – und ihrer eigenen, was im Ergebnis ähnlich bereichernd für alle war – abzugeben oder sich von dieser oder jener Verfehlung ›freizukaufen‹. So war es die Zunft der Gewandschneider, deren Kasse so gefüllt war, dass sie sich zu einem Bauunternehmen wie dem der Marienkirche entschließen konnte, wohl wissend, dass kein

einziger der bei diesem Beschluss anwesenden Großkaufleute die Vollendung des gemeinsamen Bauunternehmens erleben würde. Jeder wusste: Siebzig, achtzig Jahre Bauzeit galten als ›kurz‹. Dennoch schreckte dieser Zeitraum von zwei bis drei Generationen die Bauherren nicht von ihrem Vorhaben ab.

Diesen weit über ihr eigenes Leben hinausdenkenden Kaufleuten ist es zu verdanken, dass man heute wählen kann zwischen einem Stadtspaziergang und einer Strandwanderung zu Füßen der Rügener Kreidefelsen, darüber nachsinnend, was erhebender ist, ein Kunstwerk wie eine Backsteinkathedrale oder ein Naturwunder wie die rauhe, romantische Felsenküste auf der gegenüberliegenden Insel Rügen.

Die Universitätsstadt und die romantische Ruine

Greifswald und Eldena sind zwei Namen, die mit Recht gemeinsam genannt werden. Die Ruine des einst bedeutenden Zisterzienserklosters Eldena, ein paar Kilometer östlich der Altstadt gelegen, markiert mit der Klostergründung im Jahr 1199 auch den Ursprung der späteren Hanse- und Universitätsstadt Greifswald an der Ryck. Der bekannte Sohn der Stadt, der Maler Caspar David Friedrich (1774–1840), hat seiner Heimatstadt und der Ruine Eldena durch seine romantischen Bilder zu überregionaler Bekanntheit verholfen.

Universitätsstadt einerseits, Hansestadt mit farbenprächtigen Giebelhäusern andererseits, und überdies ein Anziehungspunkt für Kunstbegeisterte, die sich vor den Toren der Stadt in der Ruine Eldena vom Geist der Ruinenromantik bezaubern lassen: Diese Mischung macht den Charme von Greifswald aus. Hier zu studieren, empfinden junge Leute als Privileg. Die luftige Hansestadt im Nordosten Vorpommerns liegt seit dem EU-Beitritt von zehn europäischen Staaten am 1. Mai 2004 keineswegs mehr ›am Rande‹ Deutschlands, sondern in vielerlei Hinsicht im Herzen Europas.

Im Unterschied zu anderen Ostseestädten konnte man hier bis heute archäologisch keine slawische Vorbesiedlung erkennen. Die Ryck-Stadt am Greifswalder Bodden, zwischen den Inseln Rügen im Norden und Usedom im Südosten, entstand dadurch, dass das florierende Zisterzienserkloster Eldena am Anfang des 13. Jahrhunderts dringend Arbeitskräfte brauchte und deshalb Siedler anzog.

Heute fallen im Unterschied zu anderen Hansestädten, die von Touristengruppen besucht werden, in Greifswald die vielen Studenten auf. Das studentische Leben zwischen den farbenfrohen Giebelhäusern trägt erheblich dazu bei, dass die historischen Straßenzüge und Plätze weltoffen und heiter wirken. Hans Fallada, der 1893 hier geboren wurde, bemerkte süffisant zu seiner Heimatstadt: »Ich bin in der seinerzeit durch ihre Theologische Fakultät und besonders eifriges Biertrinken ihrer Studenten berühmten Universitätsstadt Greifswald geboren.«

Man sieht es dem Stadtbild an, dass Greifswald am Ende des Zweiten Weltkrieges im April 1945 kampflos an die sowjetische Armee übergeben wurde und dadurch zumindest baulich weniger gelitten hat als Rüstungsschwerpunkte wie Rostock oder Neubrandenburg. Zwar erlebte auch Greifswald nach der Hansezeit einen unaufhaltsamen wirtschaftlichen Abstieg, mehrfache Belagerungen und geriet 1627 in die Wirren des Dreißigjährigen Krieges (1618–1648). Doch ein weitblickender Bürgermeister, der Kaufmann Heinrich Rubenow, hatte im 15. Jahrhundert erkannt, dass sich die Stadt um andere Einnahmequellen bemühen musste.

Es gelang Heinrich Rubenow 1456, Greifswald zur Universitätsstadt zu erheben. Er selbst wurde ihr erster Rektor. Im folgenden Jahr, 1457, wurde an St. Nikolai ein Domkapitel eingerichtet, dessen Domherren ausschließlich aus den Reihen der Universitätslehrer kommen durften. Mit der ›Hohen Schule‹ gilt die ›alma mater gryphiswaldensis‹ nach der Rostocker Universität (1419) als die zweitälteste Nordeuropas. Seit 1933 trägt sie den Namen von Ernst Moritz Arndt, der dort Anfang des 19. Jahrhunderts eine Professur für Geschichte und Philologie innehatte. An die Zeit der Universitätsgründung erinnert ein ungewöhnliches Bild in St. Nikolai, die Rubenow-Tafel. Auf diesem frühen Gruppenbildnis sind die ersten Professoren der Greifswalder Universität dargestellt.

Greifswald, eines der östlichsten Ziele einer Backsteingotik-Reise entlang der deutschen Ostseeküste, zeigt alle städtebaulichen Merkmale, die dem Besucher seit Reisebeginn in Lübeck, dem ›Haupt der Hanse‹ vertraut sind. Schon aus der Ferne grüßt die durch Caspar David Friedrich bekanntgewordene Stadtsilhouette mit den Kirchtürmen ihrer drei großen Stadtkirchen. Durch den relativ regelmäßigen Stadtgrundriss mit dem rechteckigen Marktplatz im Zentrum orientiert man sich in Greifswald ebenso leicht wie in den Hansestädten Lübeck, Wismar oder Stralsund.

Herausgeputzte Bürgerhäuser am Marktplatz. Viele vormals gotische Giebelhäuser in Greifswald wurden im Barock oder später, im Klassizismus, umgebaut, renoviert und mit moderneren, verputzten Fassaden versehen. Im Hintergrund ragt der Turm von St. Nikolai hervor. Die Kirche wird auch »Dom« genannt.

BISTRO
Bella

Oben und rechte Seite: Dom St. Nikolai. Unten: Giebel von St. Marien.

Drei Stadtkirchen

Die drei Stadtpfarrkirchen, die man im Verlauf einer Backstein-Reise bald wie selbstverständlich in den Hansestädten erwartet, tragen in Greifswald – wie sollte es anders sein – die typischen Patrozinien St. Marien, St. Nikolai und St. Jakob. Die seit der Erhebung zur Stiftskirche 1457 von den Greifswaldern auch ›Dom‹ genannte zweite Stadtkirche St. Nikolai erkennt man an dem charakteristischen wuchtigen, fast hundert Meter hohen Turm, der den höchsten Punkt der Stadt bildet. Die barocke Haube erhielt der Turm 1653, nachdem der gotische Helm in das Kirchenschiff gestürzt war. Die Stiftskirche St. Nikolai war immer eng mit der Universitätsgeschichte verbunden.

Die ›dicke Marie‹

Die gotische Marienkirche, eine Hallenkirche mit prächtigem Ostgiebel, wird in Greifswald auch ›dicke Marie‹ genannt. Der Volksmund illustriert trefflich die Bauform: Denn es handelt sich um einen Hallenbau, der offenbar westfälischen Bauvorbildern mit einem geraden Chorschluss folgt. Die damit ermöglichte gerade Giebelwand wird – wie bei der benach-

Die äußere Erscheinung von St. Marien wird durch die Hallenform mit einem mächtigen Giebel im Osten und dem gedrungenen Turm im Westen bestimmt.

Die Greifswalder Marienkirche wurde von Ost nach West gebaut. An ihren aus Backsteinen aufgemauerten Bündelpfeilern lässt sich ablesen, wie sich während der Bauzeit die Bauvorstellungen änderten:
Im Ostteil der Kirche sind die Stützen noch sehr plastisch, als Bündelpfeiler gemauert, während sie im Bauverlauf, und damit im Westen der Kirche, flächenhafter und weniger skulptural durchgebildet wirken.
Im Verlauf des 13. Jahrhunderts lässt sich allgemein beobachten, dass die Feinteiligkeit des Gesamtbaus wie auch der einzelnen Bauteile zugunsten einer raumvereinheitlichenden und die Details blockhafter behandelnden Bauweise abgelöst wird.

barten St. Nikolaikirche – in der norddeutschen Interpretation der Gotik für den so typischen, weit sichtbaren, maßwerkgeschmückten Giebel genutzt.

Der Giebel von St. Marien wurde vor dem Jahr 1382 vollendet. Ohne aufwendige Formsteine oder Maßwerkunterteilungen gelang es den Bauleuten damals mit relativ einfachen Mitteln, die geschickt eingesetzt wurden, mit überschlanken Backsteinrippen und weißen Putzflächen eine äußerst feinteilige, plastische Gesamtwirkung zu erreichen. Der Giebel der Marienkirche wird oft mit den Giebeln der Hallenkirchen in Prenzlau, Neubrandenburg oder mit dem noch aufwendigeren nördlichen Maßwerkgiebel der Brandenburger Katharinenkirche verglichen.

Im Innenraum von St. Marien herrscht das Raumgefühl einer gotischen Hallenkirche. Im Unterschied zu einer basilikalen Raumlösung sind bei einer Halle die Decken aller drei Kirchenschiffe gleich hoch. Dadurch gibt es keine Richtung und raumwirksame Steigerung zum Chor hin. Diese wohl in den westfälischen

Ein wenig im Schatten der großen Schwestern steht St. Jakobi. Die dritte gotische Stadtkirche Greifswalds wird auch ›der kleine Jakob‹ genannt. An ein einfaches Hallenlanghaus schließt sich ein wuchtiger Westturm an. Der Dachstuhl konnte unter anderem mit Spenden der Deutschen Stiftung Denkmalschutz saniert werden.

Ganz im Hintergrund rechts unten ist der Turm der Universitäts- und Stiftskirche St. Nikolai erkennbar.

Rechte Seite: Der südwestliche Vierungspfeiler in Eldena ist bis ins Detail durchgearbeitet. Runde und eckige Backsteine wurden so geschickt vermauert, dass eine überaus reizvolle, lebendige Oberflächenstruktur entsteht, bei der jeder Stein durch eine individuelle Materialzusammensetzung in einem anderen Farbton schimmert und ein lebhaftes Spiel von Licht und Schatten entsteht.

Städten entwickelte Raumvorstellung verleiht der Kirche eine ruhige Sachlichkeit ohne Mystik und Pathos. Bei eine Halle gibt es keine Obergadenfenster, so dass das Tageslicht ausschließlich von der Seite in den ungerichteten Raum fällt.

›Der kleine Jakob‹

Die dritte gotische Backsteinkirche St. Jakobi entstand bei der Erweiterung Greifswalds um die Neustadt am Neuen Markt. Der Platz ist heute nach dem Universitätsgründer und Bürgermeister Heinrich Rubenow benannt. Die Bezeichnung ›kleiner Jakob‹ deutet darauf hin, dass die Kirche etwas im Schatten der beiden bedeutenderen Stadtkirchen stand. Gleichwohl wird St. Jakobi vielseitig genutzt. Dort findet seit 1946 jedes Jahr die Bachwoche statt, und seit 1965 hat die evangelische Studentengemeinde im Turmgeschoss ihr Domizil. Seit der Schwedenzeit (1631–1815) war die Professur der Theologischen Fakultät mit der Ersten Pfarrstelle von St. Jakobi verbunden.

Zunächst als zweischiffige Hallenkirche ohne einen Chor errichtet, wurde St. Jakobi bis 1400 zu einer dreischiffigen Halle mit Rundpfeilern und einem polygonal angelegten Chor umgebaut. Napoleonische Truppen nutzten die Kirche seit 1807 drei Jahre als Feldbäckerei, und erst als Greifswald mit dem Ende der schwedischen Herrschaft 1815 an Preußen fiel und damit eine längere Friedenszeit begann, konnte der Innenraum wieder als Kirche hergestellt werden. Im Laufe des 19. Jahrhunderts erhielt ›der kleine Jakob‹ einen neuen Altar, ein Chorgestühl und farbige Chorfenster. Trotz der wechselvollen Nutzungsgeschichte blieb der mittelalterliche Dachstuhl bis heute erhalten. Er wurde bis zum Jahr 2002 unter anderem mit Mitteln der Deutschen Stiftung Denkmalschutz restauriert und durch eine Neueindeckung geschützt.

Die Ruine des Zisterzienserklosters Eldena bei Greifswald, wie sie sich heute darstellt.

Kloster Eldena

Das Kloster Eldena wurde 1199 von Zisterziensermönchen unter dem Namen ›Kloster Hilda‹ an der Mündung des Flusses Ryck gegründet. Die Mönche waren ursprünglich aus dem dänischen Mutterkloster Esrom gekommen, hatten von dort 1172 das Kloster Dargun westlich von Demmin gegründet, und mussten es wieder verlassen, nachdem Dargun 1198 in einem Grenzkrieg zwischen Rügen, Mecklenburg und Pommern verwüstet worden war. Eldenas dänisches Mutterkloster Esrom besaß zu diesem Zeitpunkt lange schon im Norden des heutigen Stadtgebietes eine einträgliche Salzquelle, die sich seit 1199 als wirtschaftliche Grundlage für das Kloster Eldena erweisen sollte.

Zehn Jahre nach der Klostergründung (1209) brauchten die Mönche Unterstützung. Der rügische Fürst Jaromar I. erlaubte ihnen, auf dem klösterlichen Land, das er ihnen zwei Jahre zuvor (1207) geschenkt hatte, Kolonisten anzusiedeln. Es kamen Bauern vom Niederrhein und aus Westfalen, Niedersachsen, Holstein und Friesland. Etwa eine Generation später, um 1230, ging es den Neusiedlern so gut, dass sie im Bereich des heutigen Stadtzentrums von Greifswald Häuser bauten. 1241 wurde den Mönchen von Fürst Wizlaw I. von Rügen und Herzog Wartislaw III. von Pommern-Demmin das Recht zugesichert, jede Woche einen Markt auszurichten. Als Greifswald schließlich 1250 das Lübische Stadtrecht erhielt, war die Bürgerschaft so etabliert, dass sie in den nächsten Jahrzehnten drei Stadtkirchen bauen konnte.

Caspar David Friedrichs Darstellungen der Ruine Eldena sind nicht nur romantisch. Sie konnten 1810 Friedrich Wilhelm IV. (seit 1840 Preußenkönig) so beeindrucken, dass er die bis dahin schon weit fortgeschrittenen Abbrucharbeiten am Kloster Eldena stoppen ließ. Von der einst reichen und für die Stadtgründung so entscheidenden Klosteranlage sind heute noch Teile des romanischen Chores, einige Langhauspfeiler und die westliche Mauer erhalten.

Die Klosterruine Eldena, wie der Maler Caspar David Friedrich sie interpretierte. Künstlerische Freiheit erlaubt es dem Maler, die Ruine im vorpommerschen Eldena ins Riesengebirge zu versetzen. Der in Greifswald geborene ›Mystiker mit dem Pinsel‹ verbrachte die meiste Zeit seines Lebens im sächsischen Dresden. Er prägte mit seinen gefühlsbetonten, romantischen Zeichnungen und Gemälden eine ganze Generation von Künstlern. Auch die Kreidefelsen auf Rügen sind durch Caspar David Friedrichs Interpretation als Bildmotive voller Sehnsucht und Innerlichkeit berühmt geworden.

Einmal um die ganze Stadt

Neubrandenburg ist die ›Stadt der vier Tore‹. Wer es irgendwie einrichten kann, der möge den 2300 Meter langen gotischen Stadtmauerring einmal umrunden.

Kaum wird man durch eines der prachtvollen Tore begrüßt, sieht man auch schon das Ende der nur vierzig Hektar großen Altstadt am gegenüberliegenden Stadttor. Neubrandenburg ist eine kleine Stadt in einer überaus reizvollen Seenlandschaft. Unmittelbar vor den Toren der Altstadt dehnt sich der elf Kilometer lange See mit dem zungenbrecherischen Namen Tollensesee aus.

Verschlungene Pfade gibt es in der historischen Altstadt von Neubrandenburg nicht, denn die wenigen Straßen wurden im 13. Jahrhundert in einer beinahe regelmäßigen Gitterform angelegt. In der Mitte der nahezu runden Stadtanlage, dort, wo sich die beiden Hauptachsen, die Treptower und die Stargarder Straße treffen, liegt – wie es sich für eine Neugründung des 13. Jahrhunderts gehört – der im Grundriss fast rechteckige Marktplatz.

Für die alle alten Häuser überragende Stadtpfarrkirche St. Marien hatte man im Mittelalter südlich des Marktplatzes eine rechtwinklige Parzelle freigehalten. Zu dieser Zeit hatte die klassische Kathedralgotik in Frankreich längst ihren Höhepunkt überschritten. Doch im Lande Stargard und in der Mark Brandenburg baute man im späten 13. Jahrhundert noch viele kleine Feldsteinkirchen in romanischen Formen. In der Stadt Neubrandenburg allerdings orientierten sich die Stadtväter an den gotischen Backsteinkirchen der Nachbarstädte und begannen, ihre Stadtkirche als dreischiffige Halle aus Backstein zu bauen. Die mächtige Halle, für deren Ostteile das Weihe-

Jedes der vier Stadttore aus dem 14. und 15. Jahrhundert wird von einem aufragenden Giebel bekrönt, der die Mauer durch lang gestreckte Blendbögen gliedert. Die Stadttore waren die Visitenkarten der Stadt, deren Stadtsilhouette nur vom Giebel der Marienkirche und dem Dachreiter von St. Johannis überragt wird. Rechts: das Treptower Vortor mit Torturm.

Das Friedländer Tor (um 1300) im Nordosten.

Das Stargarder Tor (um 1350) im Süden.

Das Neue Tor, feldseitig.

Das Neue Tor (2. Hälfte 15. Jahrhundert), stadtseitig.

datum 1298 überliefert ist, setzte in Norddeutschland neue Maßstäbe für diese auf westfälische Vorbilder zurückgreifende Bauform. Vollendet wurde die Marienkirche mit ihrem markanten, maßwerkgeschmückten Backsteingiebel im frühen 14. Jahrhundert. Den achteckigen Turmaufbau mit dem spitzen Helm erhielt der Westturm im Zuge der Restaurierung in der Mitte des 19. Jahrhunderts.

Neubrandenburg ist baulich überwiegend eine Stadt des späten 20. Jahrhunderts. Denn ihr wurde im Zweiten Weltkrieg zum Verhängnis, dass sie seit 1933 ein Standort der Rüstungsindustrie war. 1945 ging die Altstadt, mit Ausnahme des gotischen Mauerrings, in einem verheerenden Stadtbrand unter. Schwer in Mitleidenschaft gezogen, aber zumindest erhalten, blieben nur wenige alte Strukturen: der Grundriss der Stadt mit den alten Straßenverläufen, die Stadtmauer mit den typischen Wiekhäusern, die vier gotischen Tore, die Ruine der Kirche St. Marien und die etwas

Berühmt ist die 1248 von Markgraf Johann von Brandenburg gegründete und damit über 750 Jahre alte Stadt Neubrandenburg für ihre gotische Wehranlage mit den wie Schwalbennestern an der Stadtmauer hängenden Wiekhäusern, von denen es einst 56 gab. Wiekhäuser sind stadtseitig offene Mauertürme, die an die Stadtmauer angebaut wurden. Die bis zu sieben Meter hohe, kaum 1,50 Meter breite Stadtmauer des frühen 14. Jahrhunderts umschließt die Neubrandenburger Altstadt als erhaltener Mauerring. Die vormaligen Wälle und Gräben sind von reizvollen Grünanlagen mit bis zu 400 Jahre alten Eichen bewachsen. So vermittelt das landschaftlich malerisch gelegene Städtchen bis heute ein typisches Beispiel für eine Stadtgründung des 13. Jahrhunderts.

kleinere Franziskanerkirche St. Johannis im Norden.

St. Marien überragte bis 1975 als Torso die Häuser. Eine Kleinstadt wie Neubrandenburg ist allein mit dem Aufbau eines derart großen Baudenkmals überfordert. Doch die Bürger ließen nicht locker und verfolgten mit Hilfe vieler ungenannter Privatleute und mit Benefizveranstaltungen die Rettung ihrer Ruine. Nicht wenig trug die internationale musikalische Reputation der Neubrandenburger Philharmonie zur Aufmerksamkeit in den Medien bei.

Inzwischen trugen die langjährigen Bemühungen Früchte: Nachdem die Sanierung des Außenbaus unter Leitung des Neubrandenburger Architekten Josef Walter abgeschlossen war, baute der finnische Architekt Pekka Salminen den Kircheninnenraum zum Konzertsaal aus. Seit Juli 2001 finden die Konzerte der Neubrandenburger Philharmonie in der aufregenden Konzertkirche statt.

Rechte Seite: Die Marienkirche wurde im späten 13. Jahrhundert als dreischiffige, chorlose Halle mit östlichem Schmuckgiebel und westlichem Turm errichtet. Die backsteinernen Hallenkirchen, die beispielsweise in Greifswald, Prenzlau oder Gransee zu finden sind, konzentrieren ihren Bauschmuck wie die Bürger- und Rathäuser auf den dreieckigen Giebel, der bei der Hallenform statt eines basilikalen Umgangschores den östlichen Abschluss bildet. Das kleinteilige Maßwerkgitter wirkt wie dem Giebel vorgeblendet. Die weißen Mauerflächen lassen die geometrischen Maßwerkformen noch plastischer erscheinen.

Kleine Baudenkmale in Not

Während man die Größe und schwindelerregende Gewölbehöhe einer gotischen Stadtkirche kaum zu erfassen vermag, warten abseits der damaligen Handelswege die kleinen Zeugen einer Frömmigkeit, die nicht von hansischem Repräsentationsdenken und dem Wetteifern um den höchsten Turm motiviert waren. Selbst in der dünn besiedelten Landschaft Mecklenburg-Vorpommerns finden wir sie zu Tausenden, in ungewöhnlichen Formen, über Jahrhunderte mit einfachen Mitteln und handwerklichem Geschick repariert. Ihr Mauerwerk erzählt von den Mühen der Handwerker, ihre Ausstattung ist anrührend offenherzig und ihr baulicher Zustand nicht selten erschütternd.

Sie hatten weder Baumaterial auf Vorrat noch Zeit, geschweige denn Geld. Von ordentlichem Werkzeug und ausgebildeten Handwerkern ganz zu schweigen. Die Bedingungen waren oft so widrig, dass heute jeder ›Investor‹ dringend vom Bau abraten würde. Dafür aber hatten sie etwas viel Wichtigeres, die Dorfbewohner im 13. Jahrhundert: den Glauben, ein Ziel, und eine Vorstellung vom fertigen Gebäude. Gegen Ende des 13. Jahrhunderts war die Strukturierung des dünn besiedelten Hinterlandes an der Ostseeküste in Kirchspiele abgeschlossen. Das bedeutet, in jedem größeren Dorf baute man zu dieser Zeit aus Feld- und Backsteinen eine Kirche.

Während man in den Hansestädten eine Kathedrale lange durchdachte, mehrere Jahrzehnte für den Bau einplante, Baumeister und qualifizierte Handwerker aus anderen Städten herbeiholte und frühzeitig entsprechendes Kapital bereitzustellen verstand, etwa indem man wohlhabende Bürger überzeugte oder Ablässe verkaufte, ging der Bau einer Dorfkirche nach anderen Regeln vonstatten.

Nicht die politischen und technischen Voraussetzungen waren ausschlaggebend, sondern der Glaube an Gott motivierte die wenigen Familien einer Dorfgemeinschaft zu ihrem neuen Dorfmittelpunkt, einem bescheidenen Gotteshaus. Kirchliche und weltliche Gemeinden waren im Mittelalter weitgehend deckungsgleich, so dass die Pfarrkirchen gleichermaßen religiöse, kulturelle und soziale Mittelpunkte bildeten. Deshalb spiegeln gerade die kleinen

Die Dorfkirche in Lüdershagen.

Rechte Seite: Die Dorfkirche in Ludorf.

Kirchen, die oft kaum größer als ein heutiges Wohnhaus sind, das Leben der Menschen und die Geschichte eines Dorfes wieder. Dorfkirchen wurden nach strengen Regeln, und vermutlich nicht immer so ganz freiwillig, von den Dorfbewohnern über Jahrhunderte gepflegt. Sie wurden regelmäßig geputzt, dem Anlass entsprechend mit Blumen, gestickten Decken, gewebten Fahnen, geknüpften Teppichen, Bildern und geschnitzten Skulpturen geschmückt und in Gemeinschaftsarbeit repariert. Die Kirche war der Versammlungsraum der Gemeinschaft, das Zentrum des gesellschaftlichen und geistigen Lebens. Hier fand alles statt, was für Menschen bedeutend und einschneidend war, die Taufe, die Hochzeit, die Beerdigung. In der Kirche fand man Ruhe und Trost, dort traf man die Nachbarinnen zum gemeinsamen Putzen und Schmücken, dort plante man kirchliche Feste und erfuhr Tratsch und Neuigkeiten.

Das Land Mecklenburg-Vorpommern, die wichtigste Region der Backsteinkirchen in Deutschland, ist heute das bevölkerungs-

Die Dorfkirche in Beidendorf.

Die Dorfkirche in Zaschendorf musste nach dem völligen Zusammenbruch rekonstruiert werden.

ärmste Land der Bundesrepublik. Weniger als zwei Millionen Menschen leben hier weiter verstreut als andernorts, und von den rund zehntausend kirchlichen Baudenkmalen, die in den fünf östlichen Bundesländern registriert sind, liegen immerhin zweitausend im dünn besiedelten Mecklenburg-Vorpommern. Wenige Menschen und kaum Industrie, das bedeutet geringe Steuereinnahmen für den Staat und noch geringere für die Kirchen. Die Dorfkirchen bekommen unmittelbar zu spüren, dass es immer weniger Menschen gibt, die sie pflegen und beleben. Will man Dorfkirchen auf Dauer erhalten, muss man vor allem dafür sorgen, dass sie langfristig genutzt werden. Sobald eine Gemeinde, etwa wegen eines maroden Daches, durch das es hinein regnet, ihre Gottesdienste ins Pfarrhaus oder in eine Privatwohnung verlegen muss, ist die Substanz der alten Kirche akut gefährdet. Denn allzu oft wird die Zwischenlösung zum Dauerzustand und die alte Kirche schnell vergessen. Mei-

Wenn ein Kirchengebäude selber schon vom Verfall bedroht ist, sind es seine Ausstattungstücke erst recht. Die Glocken in der Dorfkirche von Japenzin.

Rechte Seite: Die Dorfkirche in Lindena.

stens sind es Einzelpersonen, denen die Gemeinschaft die Rettung eines Baudenkmals verdankt.

Das Ausmaß der Gefährdung gerade der kleinen, aber identitätsstiftenden und landschaftsprägenden Dorfkirchen ist in der Öffentlichkeit immer noch zu wenig bekannt. Schon die großen Stadtkirchen in den Küstenstädten sind nur mit großen Mühen überhaupt zu erhalten. Noch schwerer aber ist es für die unbekannteren Geschichts- und Glaubensdokumente abseits der Touristenwege. Sie sind seit Jahren ganz akut gefährdet.

Den Landesdenkmalämtern und den kirchlichen Bauämtern fehlen die Mittel, um die akut gefährdeten Kirchen zu retten. Trotz der spürbaren Finanznot konnten aber die beiden evangelischen Landeskirchen mit breit angelegten Sanierungsprogrammen in den letzten Jahren so manche Kirche wiederherstellen. Gleichwohl kämpfen Denkmalpfleger noch immer mit dem Restaurierungsstau der letzten 80 Jahre. Die meisten Pfarrer sind überaus engagiert und machen Vieles möglich, um die Dorfkirchen zu retten, sie müssen aber inzwischen sieben bis zehn oft weit auseinanderliegende Gemeinden betreuen. Deshalb sind sie gänzlich damit überfordert, neben ihren seelsorgerischen und immer umfangreicheren verwaltungstechnischen Aufgaben auch noch die Sanierungen gleich mehrerer Kirchen zu betreuen. Dorfkirchen verdanken sich oft dem Engagement von vielen privaten, nicht zählbaren unentgeltlich geleisteten Arbeitsstunden.

Das Kirchengebäude ist das eine Problem; ebenso gefährdet, und oft noch weniger beachtet, ist seine Ausstattung. Es geht nicht nur darum, eine bauliche Hülle zu bewahren, denn eine Dorfkirche ist ein Kunstwerk, das seinerseits immer auch Kunstschätze beherbergt. Ist eine Kirche vom Einsturz gefährdet, durchfeuchtet und schwammbefallen, dann sind

auch die Altäre, Bilder, Skulpturen, Textilien, Orgeln, Uhren, Glocken, Kreuzwege und vieles andere bedroht, das die Menschen in Jahrhunderten als Zeugnisse ihres Glaubens, ihrer Dankbarkeit und ihrer Hoffnung geschaffen hatten.

Gemeinsame Rettungsmaßnahmen

Gunther Kirmis, Kirchenoberbaurat i.R. der Pommerschen Evangelischen Landeskirche und Mitglied der Wissenschaftlichen Kommission der Deutschen Stiftung Denkmalschutz, fasste die Situation trefflich in dem Satz zusammen, »Wir haben Wirtschaftszeit, keine Kulturzeit!« Daran wird sich in den nächsten Jahren auch nichts ändern. Im Gegenteil, wer durch die Dörfer in der einzigartig schönen Landschaft Mecklenburg-Vorpommerns fährt, sieht zu Beginn des 21. Jahrhunderts an vielen Orten eingestürzte Höfe und sogar verlassene Dörfer. Unmittelbar neben gepflegten neuen Wochenendhäusern befinden sich landestypische Bauernhäuser mit kaputten Reetdächern und Dorfkirchen mit vernagelten Fenstern, die, umgeben von verwilderten Friedhöfen, allmählich zuwachsen. Vor dieser Situation kann man die Augen nicht verschließen. Die Bevölkerungszahl geht weiter zurück. Möglicherweise wird sie durch unvorhersehbare Ereignisse in einigen Generationen wieder steigen, aber das ist nicht kalkulierbar. Bis dahin müssen die Dorfkirchen notgesichert werden.

Neben dieser düsteren, aber unübersehbaren Wirklichkeit gibt es auch eine andere,

Weihnachtsdarstellung in der Dorfkirche von Mohrdorf.

Die Dorfkirche in Kittendorf.

hoffnungsvolle Perspektive. Denn eine Fahrt über Land zeigt auch, wie viele Dorfkirchen seit 1990 in gemeinsamen Aktionen vieler Beteiligter aus dem ganzen Land gerettet werden konnten. Die Landeskirchen haben zusammen mit äußerst verdienstvollen Vereinen wie etwa dem Verein ›Dorfkirchen in Not e.V.‹ und der Deutschen Stiftung Denkmalschutz viele Dorfkirchen wiederherstellen können. So war die Deutsche Stiftung Denkmalschutz in Mecklenburg-Vorpommern seit 1991 dank ihrer Förderer bei der Rettung von immerhin fast 180 Dorfkirchen mitbeteiligt.

Um die langfristige Pflege von Dorfkirchen zu unterstützen, hat die Stiftung darüberhinaus 1993 den ›Stiftungsfonds Dorfkirchen‹ ins Leben gerufen. Mehr als 500 Fondsstifter haben dafür inzwischen mit vereinten Kräften über 1,7 Millionen Euro Kapital zusammengetragen. Das langfristige Ziel dieses Millionenfonds besteht darin, aus den alljährlich anfallenden Kapitalerträgen substanzrettende Notsicherungen durchzuführen. Mit Jahreserträgen von insgesamt mehr als 270 000 Euro konnten seit der Errichtung des Dorfkirchenfonds dringende Maßnahmen an elf Dorfkirchen erfolgen. Im Bundesland Mecklenburg-Vorpommern wurden außerdem für Backstein-Dorfkirchen mehrere treuhänderische Stiftungen errichtet, so unter anderem für Demern, Glewitz, Rostock-Toitenwinkel, Starkow und Vietlübbe.

Als langfristiges Ziel bleibt, möglichst keine denkmalgeschützte Substanz aufzugeben, sondern die Baudenkmale notzusichern. Denn die Erfahrung lehrt, dass die Grundsubstanz einer mittelalterlichen Kirche in der Regel recht solide gebaut und belastbar ist. Ein wenig kann man bei den Bauten auf diese Belastbarkeit vertrauen. Wenn man dort wenigstens das Dach repariert, dann kann die Kirche etwa zehn weitere Jahre überstehen. Nach wie vor

Die Kirche in Lugau.

geht es in den meisten Dörfern immer noch um Notsicherungen der Kirchen und keineswegs um Schönheitsreparaturen.

Ein Blick in die Baugeschichte einzelner Dorfkirchen stimmt hoffnungsvoll: Wie viele Kirchen wurden etwa im Dreißigjährigen Krieg zerstört, jahrelang als Munitionsmagazin oder Lazarett genutzt, und sind erst ganz langsam, Stück für Stück, und über mehrere Generationen wieder aufgebaut worden! Erst bauten die Menschen ein Notdach mit Stroh oder anderen einfachen Materialien, die man gerade zur Verfügung hatte, und wenn die Zeiten besser wurden, reparierte man weiter. Diesen Menschen, die die Hoffnung nicht aufgaben und stets das Nötigste taten, verdanken wir unsere heutige reiche Kulturlandschaft. Besinnung tut Not, gepaart mit einer realistischen Analyse der Situation, die man schon lange nicht mehr schönreden kann.

Die Dorfkirchen in Elmenhorst und Tribohm (unten).

Informationen:
Stiftungszentrum
in der Deutschen Stiftung
Denkmalschutz
Telefon 0228-39063-984
stifter@denkmalschutz.de

Konto für
den Dorfkirchenfonds:
Konto 2 636 050 04
BLZ 370 800 40
Dresdner Bank AG

Konto für
Stiftung Backsteingotik:
Konto 2 127 994 01
BLZ 370 800 40
Dresdner Bank AG

Die Burgen der Bürger

Die Ratsherren der jungen Städte des 13. Jahrhunderts hatten ein Problem: Sie waren gesellschaftliche Aufsteiger. Umgeben von adligen Landesherren und Bischöfen, deren Legitimität unantastbar schien, waren ›Städte‹ wirtschaftlich begründet.

Der Adel konnte mächtige Burgen als weit sichtbare Symbole von Macht und Herrschaft vorweisen, Mönche und Nonnen gaben durch großräumige Klöster unmissverständlich zu erkennen, wem das Land und die Macht über das Seelenheil gehörten – aber diese jungen Bürger? Auch ihre Repräsentanten suchten nach Identifikationsbauten, nach Versammlungsorten außerhalb der Stadtkirchen, in der fremde Gesandtschaften und Verhandlungspartner würdig empfangen und bewirtet werden konnten.

Was tun? Es gab nur eine Möglichkeit. Abgucken, wie es Adel und Kirche seit Jahrhunderten vormachten. Und da man als neuer Stand, der sich durchaus auch aus Adeligen rekrutierte, auf Nummer sicher gehen musste, übernahm man reichlich jenes Formenrepertoire, das seit Jahrhunderten unmissverständlich und verbreitet war.

Fast jede Stadt, sei sie auch klein wie ein Dorf, leistete sich zur Blütezeit der Hanse eine Mauer mit Toren.

Linke Seite: Die kleine Stadt Tribsees (vgl. S. 90) hat derer zwei, eines an jedem Ende der Stadt. Die Häuser säumen die Hauptstraße.

Tribsees, eines der beiden Stadttore, feldseitig.

Das Stadttor in Ribnitz-Damgarten, feldseitig.

Rückseite des Lübecker Rathauses.

Das Rathaus in Grimmen.

Beim Bau der mehrere Kilometer langen, hohen Stadtmauern mit repräsentativen Tortürmen dachte man nicht nur an den Kriegsfall, sondern gleichermaßen an die sichtbare Wirkung, die sich dem Herannahenden von außen darbot, wenn er sich der Stadt näherte. Es ist nicht übertrieben, sondern leicht nachzurechnen, wenn man von etlichen Millionen Backsteinen ausgeht, die man zum Bau von Stadtmauern benötigte. Man darf nicht vergessen, dass man erst stark in die Tiefe graben musste, um das Bauwerk fest zu gründen. Breite Fundamente waren nötig, bevor überhaupt erst an der Erdoberfläche etwas sichtbar wurde. Allein

die Fundamente der Backsteinkirchen sind so hoch wie heute mehrgeschossige Wohnhäuser. Riesige Waldflächen wurden zum Brennen der Steine und für eichene Gründungspfähle im Sumpfgebiet geopfert.

Die ummauerten Hansestädte versprachen ihren Einwohnern größeren Schutz als die vormaligen Burgen des Adels und vermittelten den neuen Bürgern fernab der alten Heimat Sicherheit. Westeuropa hatte im 12. und 13. Jahrhundert einen selten zuvor gekannten sozialen und wirtschaftlichen Umbruch erlebt, der die feudal organisierte Gesellschaft auf den Kopf stellte. Nicht zuletzt mündeten Armut, mangelnde Bildung und persönliche Hoffnungslosigkeit der Menschen in eine religiös verbrämte Wahnvorstellung, die massenweise junge Menschen zum Verlassen ihrer Heimatdörfer brachte, um das ›Heilige Land‹ aus den Händen der vermeintlich Ungläubigen zu befreien. Verbrannte Erde, Witwen, Waisen und unbestellte Felder waren das furchtbare Resultat. Aus ähnlichen Motiven verließen Tausende Menschen ihre Dörfer westlich der Elbe, um der slawischen Bevölkerung im heutigen Mecklenburg-Vorpommern und Brandenburg den rechten Glauben zu bringen. Viele Kreuzfahrer waren überzeugt, das Gute und Richtige zu tun, andere waren Glücksritter und Hasadeure, die nichts zu verlieren hatten und sich volle Taschen versprachen. Gemeinsam war ihnen allen die Entwurzelung und der Wille, etwas Neues zu schaffen.

Sie alle brauchten Sicherheit. Der Mauerring ist es, der nicht nur ›Stadt‹ als rechtliche und verwaltungstechnisch selbständige Einheit definiert, sondern ein ›Zerfließen‹ der städtebaulichen Strukturen in die Landschaft unterbindet. Die Mauer begrenzt Raum nach außen und innen. Erst durch die Mauer entsteht eine bauliche Einheit, ein geschlossenes Gebilde mit einer scharf umrissenen Außenlinie. Die Mauer leitet und lenkt. Mit ihrem Bau entstanden Quartiere und Wehrgemeinschaften. Nahe der Stadttore entwickelten sich Siedlungen mit gastronomischen Betrieben, weil die Reisenden, Händler, Pilger, Fußvolk und Fuhrwerke gleichermaßen für einen Austausch an Waren und Informationen sorgten.

Neben der wehrtechnischen, praktischen und juristischen Funktion ist es die symbolische Bedeutung, ohne die eine Stadtmauer nicht zu verstehen ist. So wird in der Geheimen Offenbarung des Johannes (Kap. 21) das Himmlische Jerusalem als eine Stadt mit zwölf Toren und mit Edelsteinen besetzter Mauer beschrieben. So wie die gotischen Kirchen die Hoffnung auf das jenseitige Leben im Himmlischen Jerusalem veranschaulichen sollen, so ist auch jede gotische Stadtmauer mit ihren reich geschmückten Toren von symbolhaftem Denken durchdrungen.

Rathäuser

In ähnlicher Weise orientierte sich der in Oberitalien und den Niederlanden entwickelte Bautyp ›Rathaus‹ zunächst an Burgen. Das Rathaus übernimmt die Form des einfachen Saalbaus, eines wohlproportionierten, durch hohe Fenster gegliederten Raumes, der den wechselnden Anlässen gemäß ausgeschmückt wurde und für vielfältige Veranstaltungen diente. Ein Zinnenkranz und ein wehrhaftes äußeres Erscheinungsbild mit einem kräftigen Turm gehören zu den frühen Palazzi in Norditalien und zu den Hallen in den Niederlanden, mit denen die Küstenstädte wirtschaftliche Verbindungen pflegten.

Besonders die Rathäuser in Lübeck und Stralsund griffen unmittelbar auf niederländische Vorbilder zurück und wurden ihrerseits mit ihren charakteristischen Schmuckgiebeln in wenigen Jahren zum Vorbild für Rathausneubauten der Nachbarstädte. Die Gewölbekeller und das Erdgeschoss der Rathäuser wurden normalerweise als Lager für Qualitätsgüter genutzt, während das Obergeschoss von einem hohen, durch große Fenster erhellten Saal eingenommen wurde, in dem verhandelt, gespeist, getrunken, getanzt, Politik gemacht und Gericht gehalten wurde. Es liegt nahe, dass die Formen der Rathäuser von reichen Ratsherren und Bürgern für Privathäuser übernommen wurden. Oft sehen Bürgerhäuser am Marktplatz wie kleine Rathäuser aus.

Den hansischen Bauherren kam es besonders auf die Fernwirkung ihrer repräsentativen Gebäude an. Denn ihre Stadt sollte mit Mauern und Kirchtürmen von weitem sichtbar sein, und zwar vom Meer ebenso wie vom Lande. Den Seeleuten boten die Kirchtürme überdies Orientierung. Das Rathaus als die ›gute Stube‹ der Stadt am Marktplatz vermittelte potentiellen Handelspartnern gleichsam wie eine steingewordene Visitenkarte die Finanzkraft der Stadt. Auf Fernwirkung angelegt, hat man die Rathäuser im Erdgeschossbereich eher schlicht und funktional gehalten, wäh-

Das Rathaus zu Stralsund. Zwischen sechs maßwerkdurchbrochenen Blendgiebeln ragen sieben Türmchen empor.

Unten links: Stendal, der Uenglinger Torturm, feldseitig. Daneben: Friedland, Neubrandenburger Tor, stadtseitig.

Rechte Seite: Tangermünde, Neustädter Tor, feldseitig. Der Rundturm entstand um 1450, der rechteckige Turm im Hintergrund um 1300.

Folgende Doppelseite 132/133: Prenzlau. Links: St. Marien, Ostgiebel. Rechts: Mitteltorturm und Westfassade von St. Marien.

rend der feingliedrige Bauschmuck der Giebelzone nach oben hin zunimmt, um schließlich in prachtvollen, praktisch funktionslosen Giebeln zu gipfeln.

Der Bautyp Rathaus entwickelte sich in Oberitalien und den Niederlanden mit dem Wachsen der Handelsstädte im 13. und 14. Jahrhundert. In den Hansestädten der Ostsee entstanden die Rathäuser mit der Unabhängigkeit vom Fürsten, in Lübeck bereits um 1230. Einige Rathäuser, wie beispielsweise in Rostock oder in Wismar, wurden im Barock oder im 19. Jahrhundert erweitert oder neugebaut. Deshalb ist die mittelalterliche Backsteinfassade heute oft nicht mehr erhalten.

Stadttore

Stadttore bedeuten immer neuralgische Orte für die Sicherheit einer Stadt. Denn dort ist die Mauer durchlässig. Deshalb wurden die Tore besonders bewacht. Außerdem legten die Städte feste Öffnungs- und Schließzeiten fest, die an Sonnenaufgang und -untergang gebunden waren. Wer zu spät anreiste oder von der Feldarbeit kam, musste draußen schlafen. Durch die Stadttore wurde jahrhundertelang der Verkehr kanalisiert. Die Torstraßen hatten eine entsprechend größere Bedeutung als die kleineren innerstädtischen Verbindungen. Führte eine Fernhandelsstraße durch ein Tor, war dessen repräsentative Funktion wichtiger als ein Tor für eine kleinere Straße, die im nächsten Ort endete. Die innerstädtische Bedeutung der Straße beeinflusste die soziale Struktur des Stadtviertels ebenso wie die Grundstückspreise, die am Marktplatz normalerweise am höchsten waren.

Der Aufwand, den die Bürger bei der Gestaltung der Stadttore betrieben, verweist auf die symbolische Bedeutung: Stadttore sind gleichsam die Haustüren der Stadt. Sie vermitteln den ersten Eindruck von deren Größe und Bedeutung. Sie heißen den Freund willkommen und weisen den Feind ab. Nicht zufällig ähneln die Giebel und Maßwerkformen der Stadttore und Rathäuser denen der Stadtkirchen. Denn die Bauherren und die Bauausführenden zählten letztlich zu den gleichen Personengruppen: Es waren die Bürger und die Mönche der Städte, die offensichtlich in stärkerem Austausch miteinander standen als man gemeinhin unterstellt.

Grundrisse

Backsteinkirchen im Vergleich

Lübeck

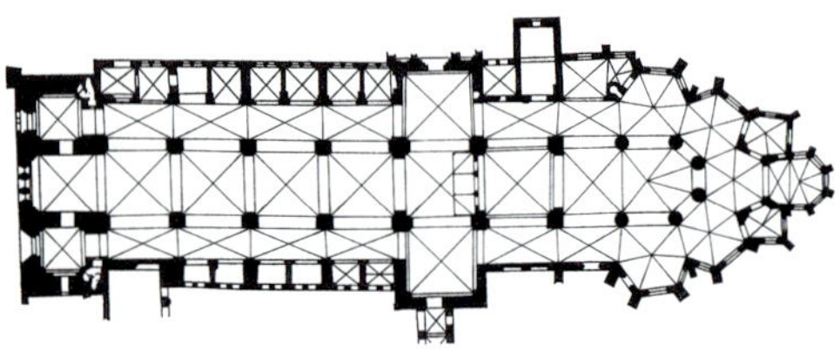

Dom St. Nikolaus und Johannes

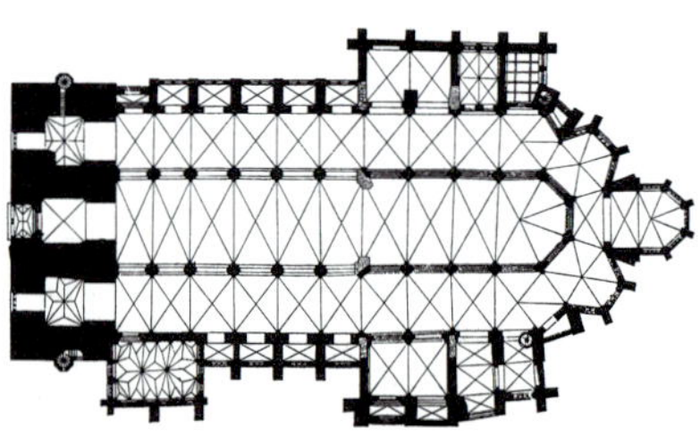

St. Marien

Wismar

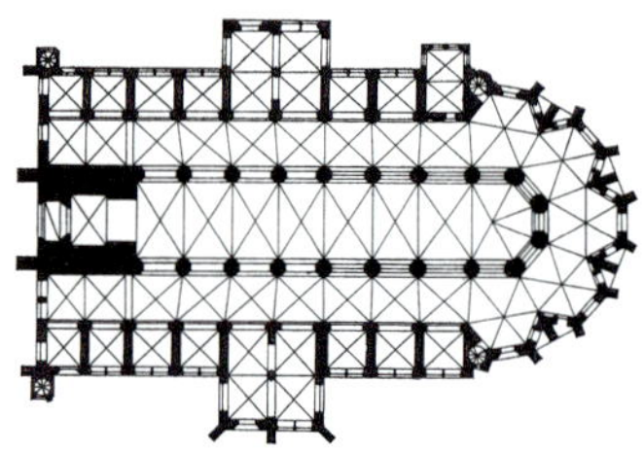

St. Nikolai

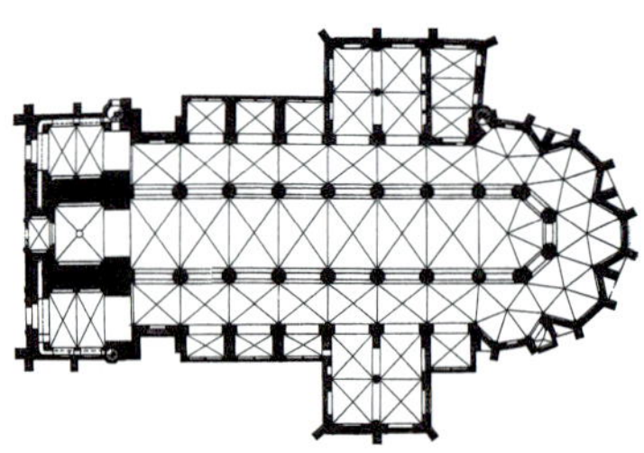

St. Marien

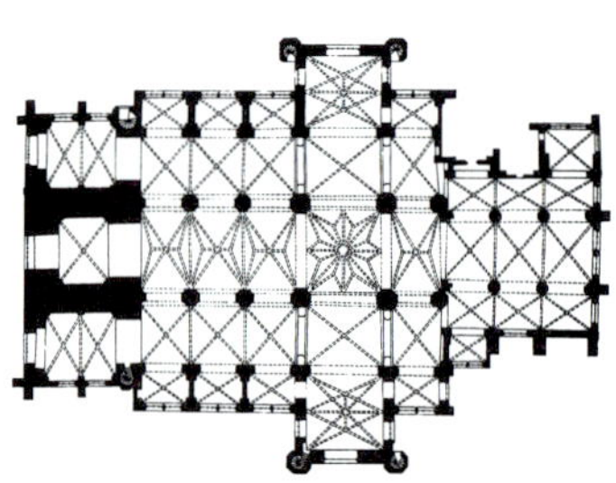

St. Georgen

Stralsund

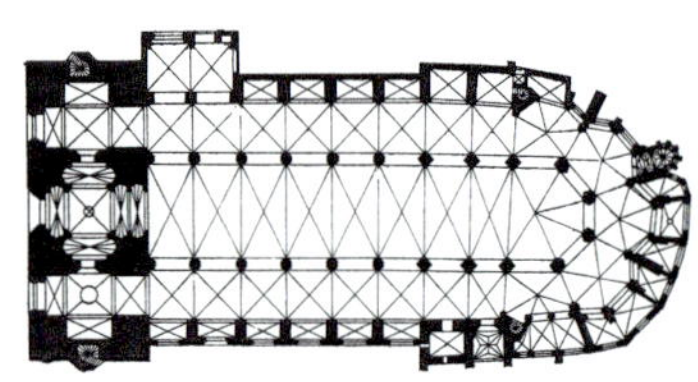

St. Nikolai

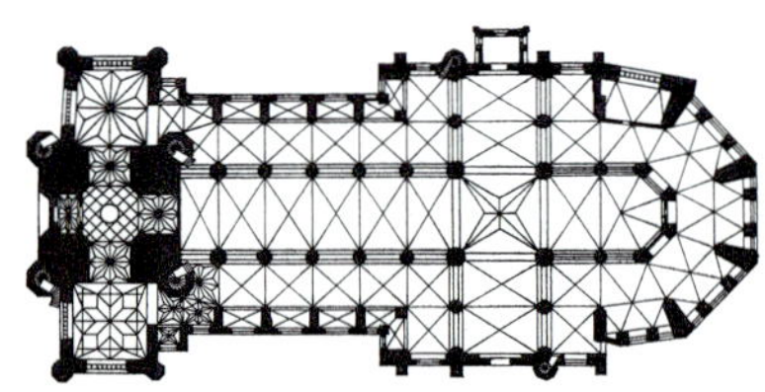

St. Marien

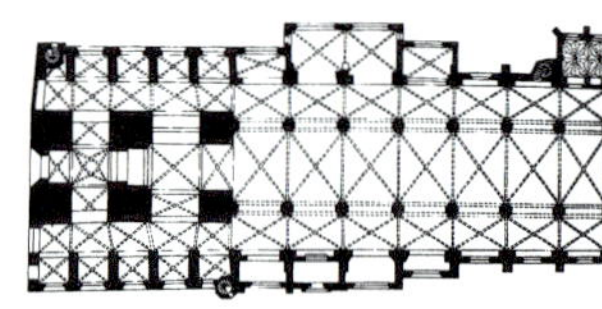

St. Jakobi

Schwerin

Bad Doberan

Rostock

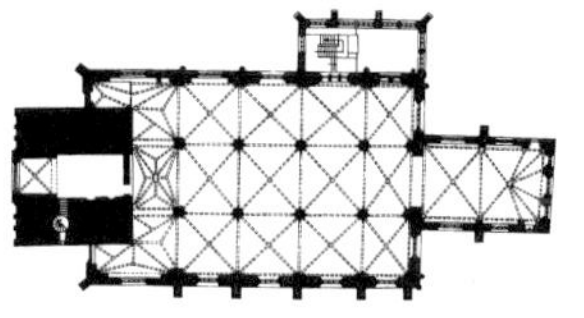

St. Nikolai

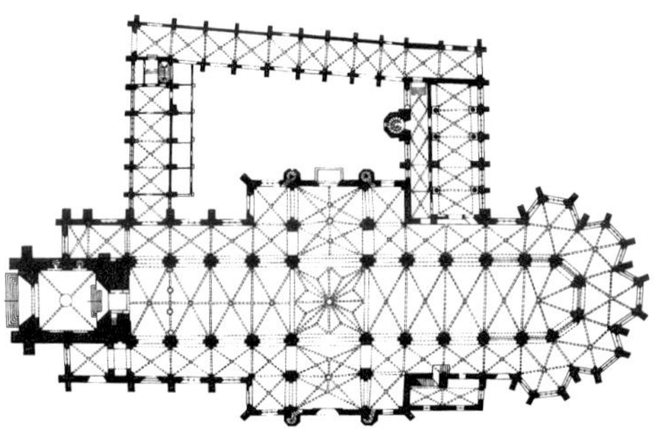

St. Marien und Johannes Ev.

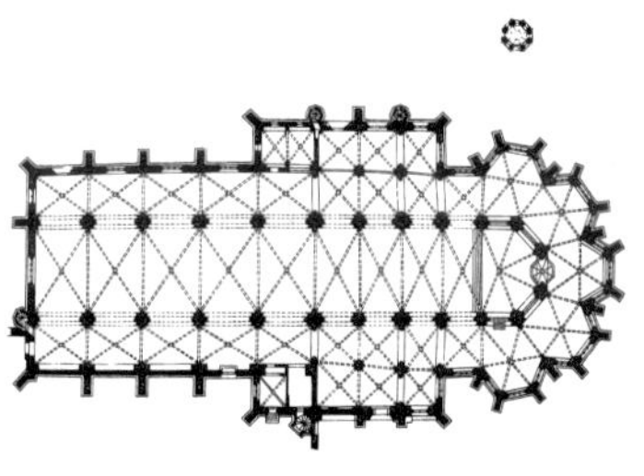

St. Marien

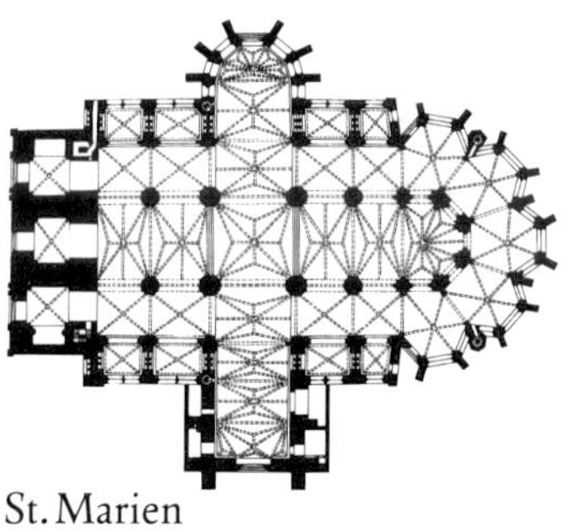

St. Marien

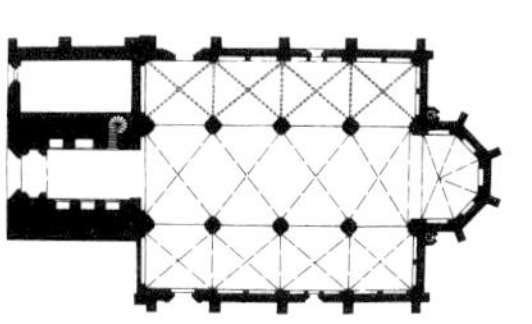

St. Petri

Kleines Backsteingotik-Glossar

Von Arkade bis Zwerggalerie

Arkade

Eine Arkade ist eine Folge von Säulen oder Pfeilern, die mit Bögen verbunden sind. Eine Blendarkade ist ein Schmuckelement, eine Folge von Bögen, die der Mauer aufgeblendet sind.

Backstein

Ein aus Lehm oder Ton geformter Bau›stein‹. Im Unterschied zum Lehmziegel wird der Backstein durch Brennen bei extrem heißen Temperaturen gehärtet, haltbar und wetterfest gemacht.

Basilika

Der Begriff bezeichnet einen Bautyp. Es gibt vier mittelalterliche Bautypen: Saal, Halle, Zentralbau, Basilika. Im Unterschied zu einer Halle ist eine Basilika ein mehrschiffiger Raum, dessen Mittelschiff nicht nur höher ist als die Seitenschiffe, sondern das zugleich durch Fenster im Obergaden separat belichtet wird. Die in Frankreich entwickelte dreischiffige Querhausbasilika mit Umgangschor und Kapellenkranz ist der aufwendigste der gotischen Sakralbautypen.

Bogen

Wenn man in einer gotischen Kirche nach oben schaut, blickt man in das Gewölbe. Die einzelnen Gewölbefelder sind durch Bögen voneinander abgetrennt, die verschieden bezeichnet werden. Man unterscheidet zwischen Gurt-, Scheid- und Schildbogen. Der Gurtbogen verläuft quer zum Gewölbe und trennt die Gewölbefelder voneinander ab. Der Scheidbogen scheidet das Mittelschiff vom Seitenschiff, in der Gotik ist er meist identisch mit dem Arkadenbogen. Der Schildbogen ist ein dicker Wulst, der flach auf der Mauer aufliegt.

Bündelpfeiler

Im Laufe der Gotik werden die glatten Mauerflächen der Pfeiler im Kircheninneren immer mehr durch vorgelegte Steinwülste gegliedert, bis der Pfeiler nur noch aus einem Bündel von Pfeilervorlagen zu bestehen scheint. Einen solchen, rundum von vorgelegten Diensten umstandenen Pfeiler nennt man Bündelpfeiler.

Chor

Der Chor ist bei mittelalterlichen Kirchen der für das Gebet der Geistlichen und den Chorgesang bestimmte Raumteil einer Kirche. Bis auf ganz wenige Ausnahmen liegt der Chor immer im Osten, weil nach der damaligen Vorstellung die Heilige Stadt Jerusalem im Osten liegt. Die meisten Chöre der gotischen Kirchen schließen mehreckig gebrochen (polygonal) ab; daneben gibt es den einfachen glatten Chorschluss der Hallenkirchen. Weil man davon ausgehen kann, dass die meisten Kirchen geostet sind, beschreibt man die Lage aller Gebäudeteile mit den Himmelsrichtungen. So weiß jeder Betrachter unabhängig von seinem subjektiven Standort, was gemeint ist.

Chorumgang

Der Chorumgang umfasst den Binnenchor und ist meist die Fortsetzung der Seitenschiffe. Auf einer Backsteingotikreise findet man bei den polygonalen Chören auch Chorumgänge, meistens – nach dem Vorbild der Lübecker Marienkirche – auch mit Kapellenkranz.

Diele

Als Diele bezeichnet man den ebenerdigen großen und hohen Hauptraum der Bürgerhäuser in den Städten des Ostseeraumes. Anders als bei den Ackerbürgerstädten fuhren die hansischen Kaufleute nicht mit dem Wagen in die Diele, sondern luden die Waren vor dem Haus ab, um sie dann in der Diele gegebenenfalls zwischenzulagern und von dort aus mittels eines Lastenaufzuges in die Zwischenböden zu transportieren. Vgl. das Museumshaus in Stralsund, S. 100–101.

Dienst

Der Dienst ist ein in der Gotik aufkommendes Gliederungselement im Innenraum, das meistens aussieht wie eine langgezogene, stabförmige Säule, die auf die Mauerfläche oder einen Pfeiler aufgepresst wurde. Dienste können Basis und Kapitell haben, müssen dies aber nicht. Sie können einzeln auftreten und in die Gewölberippen münden oder aber wie ein Bündel um einen Pfeiler herumgelegt wirken. Die Querschnitte der Dienste können sehr unterschiedlich sein: Sind dicke und dünne Dienste miteinander kombiniert, so spricht man von Alten (dicken) und Jungen (dünnen) Diensten. Die Alten Dienste nehmen die Gurt- und Scheidbögen auf, die Jungen Dienste nehmen die kleinen Profile wie z. B. die Diagonalrippen des Gewölbes auf. Dienste müssen nicht bis auf den Boden reichen, sondern können an beliebiger Stelle aus der Wand heraustreten und wieder verschwinden. Im Doberaner Münster beispielsweise enden sie über dem Chorgestühl in phantasievollen Konsolsteinen. In der Hochgotik beginnen die Jungen Dienste erst oberhalb des Kämpfers.

Gesims

Das Gesims ist ein horizontales Gliederungselement, das friesartig dekoriert sein kann, aber nicht sein muss. Im Unterschied dazu ist ein Fries ein horizontales Gliederungselement mit einer Folge von darstellerischen Elementen.

Gewände
Als Gewände bezeichnet man die Laibung eines Portals oder Fensters, wenn sie schräg geführt ist. Das Gewände wird im Verlauf der Gotik zunehmend plastischer gestaltet und durch Stufungen, Profile und Säulchen gegliedert, bis die Flächigkeit der Mauer optisch ganz in plastische Formen aufgelöst scheint.

Gewölbe
Ein Gewölbe überspannt den Raum als konkave Mauerfläche, die sich selbst trägt. Die einzelnen Gewölbefelder werden durch Bogen voneinander getrennt. In der Gotik wird das Kreuzgewölbe meist durch Grate (Kreuzgratgewölbe) oder Rippen (Kreuzrippengewölbe) in mehrere sogenannte Kappen gegliedert. Rippengewölbe entstehen als eine der Grundvoraussetzungen für gotische Architektur um die Mitte des 12. Jahrhunderts. Die Rippen haben aber keine stützende, sondern eine ästhetische Funktion. Um 1140 entstand am Dom zu Speyer wohl das erste Kreuzrippengewölbe.

Giebel
Ein Giebel ist die Abschlussform eines Satteldaches oder die Bekrönung eines Fensters oder anderen Bauteils. Ein Giebel kann dreieckig, segmentbogenförmig oder abgetreppt (stufenförmig zur Mitte hin ansteigend) sein. In der Baukunst der Hansestädte spielt der Giebel als repräsentativer Schmuck zur Straßenseite hin eine besondere Rolle.

Giebelhaus
Das Giebelhaus ist die typische Bauform der städtischen Backsteinbauten in den Hansestädten. Beim Giebelhaus (oder auch giebelständigem Haus) weist der Giebel zur Straße hin. Seltener findet man in den Hansestädten Traufenhäuser.

Grundriss
Der Grundriss ist ein zeichnerisches Mittel, die gesamte Architektur darzustellen. Er ist der horizontale Schnitt durch das gesamte Gebäude in etwa einem Meter Höhe. Eine Ausnahme bilden Kirchengrundrisse, bei denen der horizontale Schnitt etwas höher liegen kann, bzw. höher liegen muss, weil man auch die Fenster und Gewölbe einzeichnen will.

Halle
Der Begriff bezeichnet einen Kirchen-Bautyp. Eine Halle oder auch Hallenkirche ist eine mehrschiffige Kirche, bei der alle Schiffe gleich lang sind und die gleiche Deckenhöhe haben. Dadurch wird der Raum gleichmäßig von Licht durchflutet, und es sind axiale Blickbeziehungen möglich. Eine Hallenkirche kann keinen Obergaden haben, weil die Seitenschiffe genauso hoch wie das Mittelschiff sind. Die Form der Hallenkirche verbreitete sich von Südfrankreich ausgehend besonders in Westfalen, wo Ende 12. / Anfang 13. Jahrhundert viele Hallenkirchen entstanden. Als erste deutsche Hallenkirche gilt die Elisabethkirche in Marburg (ab 1235).

Hausbaum
Als Hausbaum bezeichnet man den kräftigen, tragenden Hauptpfosten eines mittelalterlichen Hauses, der das Gebälk trägt.

Joch
Ein Joch ist die Einheit der Gewölbefelder zwischen den Stützen, bestehend aus dem Gewölbefeld von Seitenschiff, Mittelschiff und Seitenschiff. Ein Joch wird vom nächsten Joch in der Längsrichtung der Kirche durch den Gurtbogen (siehe Bogen) getrennt. Bei der Beschreibung des Grundrisses einer Kirche werden die Joche in der Richtung der Längsachse gezählt. Mehrere Joche hintereinander ergeben das Kirchenschiff.

Kämpfer
Die Zone bei einer Stütze, in der die Krümmung eines Bogens oder Gewölbes beginnt. In der Romanik schließt der Kämpfer oft das Kapitell nach oben ab, in der Gotik verschmelzen Kapitell und Kämpfer gestalterisch zu einer Gesamtform.

Kapitell
Ein Kapitell ist das ausladende Kopfstück einer Stütze. Der Begriff ist vom lateinischen capitulum bzw. capitellum abgeleitet, was ›Köpfchen‹ heißt. Das Kapitell vermittelt zwischen der Stütze und der Last, die sie trägt. Es gibt eine Vielzahl von Kapitellformen.

Kemladen
Als Kemladen bezeichnet man bei den hansischen Wohnhäusern den beheizbaren, dem Innenhof zugewandten Seitenflügel. Von lat. caminata (= heizbarer Raum) leitete sich der Begriff Kemenate (auf Burgen) ab, aus dem sich die Bezeichnung Kemladen ergab. Weil die Kemladen im Winter zu beheizen waren, dienten sie normalerweise als Wohn- und Schlafräume. Vgl. das Museumshaus in Stralsund, S. 100–101.

Kloster
Die bauliche Form eines Klosters (von lat. claustrum: das Verschlossene) wurde insbesondere im 12. und 13. Jahrhundert von den Zisterziensern entwickelt. An die Klosterkirche schließt sich im Norden oder Süden die Klausur an. Das sind die den Geistlichen vorbehaltenen Bauteile, bestehend aus den meist im Geviert um den Kreuzgang liegenden Gebäuden.

Lettner
Der Lettner ist eine durch Arkaden gegliederte steinerne oder hölzerne Schranke, die den Chor als Raum der Geistlichen von der im Langhaus gelegenen Laienkirche trennt. Der Lettner dient als Bühne zum Verlesen der Evangelien. Vor dem Lettner steht der Volksaltar. Auf einer Backsteingotikreise findet man Lettner z. B. im Dom zu Lübeck und im Doberaner Münster.

Lisene
Eine Lisene ist dem Mauerwerk vorgelegt und hat im Unterschied zum Dienst, der wie eine langgestreckte Säule aussieht, keine Basis, (meist) keinen Kämpfer und kein Kapitell. Eine Lisene hat geringere Dimensionen als ein Pfeiler.

Maßwerk
Maßwerk (das ›gemessene Werk‹) ist ein Bauornament, das erstmals um 1215/20 an den Fenstern der Kathedrale zu Reims vorkommt und als Folge eines technischen und formalen Entwicklungsschubs in der Gotik zu den phantasievollsten Ausformungen gelangt. Maßwerk wird mit dem Zirkel aus Kreisbögen konstruiert, und das Formenrepertoire der so geschaffenen geometrischen Muster ist nahezu unerschöpflich. Das Maßwerk dehnte sich schnell auf alle Kunstgattungen aus. Man findet es an Türen, Bänken, Kanzeln, Altären, Skulpturen und Möbeln. Die Geschichte des Maßwerks ist nicht von der Entwicklung des Fensters zu trennen. Einfach ausgedrückt: Wo bei romanischen Kirchen notwendigerweise Fenster als Lichtquelle in die Mauern eingeschnitten sind, werden in der Spätromanik immer mehr Fenster zu Gruppen zusammengefasst, bis in der Gotik schließlich die Mauerfläche durch riesige, farbig verglaste Maßwerkfenster ersetzt wird.

Mittelschiff
Das Mittelschiff ist die mittlere, von Scheidarkaden zu den Seitenschiffen abgegrenzte Raumeinheit einer mehrschiffigen Anlage.

Obergaden
Der Obergaden ist der bei einer Basilika erhöhte, durchfensterte Mauerteil der Mittelschiffwand.

Pfeiler
Der Pfeiler ist ebenso wie die Säule eine Stütze. Im Unterschied zur Säule hat der Pfeiler kein Kapitell. Ausnahme: In der Gotik hat der Rundpfeiler ein Kapitell. Der Pfeilerschaft kann rechteckig oder rund sein. Der Pfeiler schließt zumeist oben mit einem Kämpfer ab, der vorkragend (hervorstehend) und profiliert sein kann. Der Kämpfer hat die Aufgabe, den Gewölbeschub auf den Pfeiler abzuleiten, wobei die Auskragung rein dekorative Funktion hat.

Querhaus und Querschiff
Das Querhaus oder Querschiff ist der quer zur Kirche ausgerichtete Bauteil, wie man ihn besonders hoch und mächtig ausgeprägt z. B. in der Wismarer Georgenkirche sehen kann. Man unterscheidet zwischen Querhaus und Querschiff. Das Querschiff hat die gleiche Deckenhöhe wie das Mittelschiff, während ein Querhaus niedriger sein und auch aus mehreren baulichen Einheiten bestehen kann.

Rippe
Eine Rippe ist ein unter die gemauerte Schale eines Gewölbes gespannter Bogenschenkel, der in Verbindung mit anderen Rippen in der Gotik zu den phantasievollsten Rippenfiguren kombiniert wird. Kreuzen sich zwei Rippen einmal im Gewölbefeld, so handelt es sich um ein einfaches Kreuzrippengewölbe. In der Spätgotik werden die Rippen optisch so miteinander verschlungen, dass sogar Netzgewölbe und Sterngewölbe entstehen.

Saal, Saalkirche
Der Begriff bezeichnet einen Bautyp. Ein Saal ist ein Raum, der nicht durch Stützen untergliedert ist, also ein Einraum. Dies ist die einfachste und älteste Raumform, in der die frühen Pfarrkirchen und Kapellen, versehen mit einer Apsis oder einem Rechteckchor, gebaut wurden.

Sakramentshaus
Ein Sakramentshaus ist ein turmartiger Aufbau auf einem Tabernakel zur Aufbewahrung der Hostien. Ein 11,60 Meter ungewöhnlich hohes gotisches Sakramentshaus (um 1370) kann man im Chor der Doberaner Kirche sehen.

Säule
Eine Säule ist eine besondere Form der Stütze. Im Unterschied zum Pfeiler ist eine Säule ein rundplastisches Element, das ein Kapitell hat. Eine Säule besteht aus: Basis, Säulenschaft, Kapitell, Kämpfer. Im Unterschied zum umgangssprachlichen Gebrauch des Begriffes wird bei mittelalterlichen Bauteilen zwischen Säule und Pfeiler unterschieden.

Schiff
Ein Schiff ist der längsgestreckte Teilraum einer Kirche. Im Verlauf des 12. Jahrhunderts werden die Pfarrkirchen dreischiffig, das Mittelschiff wird von zwei Seitenschiffen begleitet.

Seitenschiff
Ein Seitenschiff ist eine parallel zum Mittelschiff gelegene Raumeinheit bei mehrschiffigen Anlagen. Normalerweise hat eine Kirche zwei oder vier Seitenschiffe, es gibt aber auch Kirchen, die nur ein Seitenschiff haben.

Speicher
In diesem Zusammenhang bezeichnet der Begriff Speicher die Dachböden eines Wohnhauses, die zur Aufbewahrung von Waren und Vorräten genutzt wurden. Mit Speicher bezeichnet man ebenfalls ein großes, meist mehrgeschossiges Lagergebäude, oft im Hafen.

Staffelgiebel
Eine Form des Schmuckgiebels, der treppenförmig (gestuft) ausgebildet ist.

Statik
Der Begriff gehört eigentlich nicht in ein Glossar über gotische Architektur, weil sich die Statik erst im 18. Jahrhundert entwickelte.

Aber wenn man bei einem gotischen Bau von statischen Verhältnissen spricht, sollte man bedenken, dass man im Mittelalter keine statischen Berechnungen kannte, sondern konstruktive Überlegungen mit theoretischen Kenntnissen und Erfahrungswerten anstellte. Das vielzitierte ›Bauhüttengeheimnis‹ ist eine Erfahrungsvermittlung von Generation zu Generation. Erst im 15. Jahrhundert gibt es erste schriftliche Anweisungen.

Stil
Unter Stil – zum Beispiel ›norddeutsche Backsteingotik‹ – versteht man die Summe der Eigenschaften, die mehreren Werken gemeinsam sind (nach Heinrich Wölfflin und Alois Riegel). Man benutzt den Begriff, um einzelne formgleiche Kunstwerke unterscheiden zu können. Folglich sollte man Stil und Form unabhängig voneinander betrachten, obwohl sie miteinander zu tun haben. Ein neuer Stil kann neue Formen hervorbringen, aber allein die Angabe des Stils ist viel zu grob, als dass sie einem Kunstwerk gerecht werden könnte. Die Stilperioden werden ländergreifend benutzt. Dennoch sind die regionalen Ausprägungen oft zeitlich sehr verschieden. So findet sich beispielsweise der gotische Stil, der in Frankreich entstand, erst mehrere Jahrzehnte später in unterschiedlichen Ausprägungen in den Regionen des heutigen Deutschland.

Strebepfeiler
Strebepfeiler sind nötig, wenn man einen Raum wölben und dabei möglichst dünne Mauern bauen will, weil man den Schub des Gewölbes ableiten muss. Strebepfeiler sind in der Regel am Außenbau vorstehende oder in den Raum eingezogene Pfeilervorsprünge in der Umfassungsmauer des Bauwerks, die als Gewölbewiderlager dienen. Bei einer Basilika werden die Strebepfeiler außen frei über die niedrigeren Seitenschiffe zur Traufe hinaus hochgeführt, um die Strebebögen aufzunehmen, mit denen sie konstruktiv eine Einheit bilden. Bei der Stralsunder Marienkirche wurden die Strebepfeiler nach innen verlegt und bilden dadurch regelrechte Seitenschiffkapellen.

Traufe
Die Traufe ist der untere waagerechte Abschluss des Daches, an dem das Wasser »abtraufen« kann. Bis zum Barock hatten die Gebäude keine Regenrinnen, deshalb traufte das Wasser ab.

Triforium
Ein Triforium ist ein Laufgang in der Mittelschiffwand einer Basilika unterhalb der Obergadenfenster. (Eine Hallenkirche kann kein Triforium haben.) Das Triforium ist durch eine Arkade zum Mittelschiff geöffnet. Wenn sich kein Laufgang hinter dem Triforium befindet, handelt es sich um ein Blendtriforium, wie beispielsweise im Chor der ehemaligen Klosterkirche zu Doberan.

Triumphbogen
Als Triumphbogen bezeichnet man den Bogen, der den Chor von der Vierung oder vom Langhaus trennt.

Turm
Ein Turm dient in erster Linie der Repräsentation. Je höher der Turm, desto prächtiger und mächtiger will sich der Bauherr, die Stadt oder der Bischof, darstellen. Eine sogenannte Doppelturmfassade, wie sie durch die Lübecker Marienkirche an der Ostseeküste eingeführt wurde, besteht aus zwei einzelnen Türmen im Westen der Kirche, zwischen denen sich eine Vorhalle befindet. Im Verlauf der Spätgotik setzt sich die Einturmfassade durch, wie sie bei allen Wismarer Stadtkirchen, der Stralsunder Marien- und Jakobikirche, beim Schweriner Dom und der Rostocker Marienkirche zu sehen ist. Manchmal war der Turm zu kühn berechnet und stürzte auf die noch unvollendete Kirche, wie z. B. bei St. Nikolai in Wismar, St. Marien in Stralsund und St. Marien in Rostock. Oft hielt er aber auch jahrhundertelang. Der Vierungsturm ist der Turmaufbau, der sich über der Vierung befindet und deshalb besonders schwierig zu bauen ist, weil er keinen durchgehenden Unterbau hat und seine Last nach außen abgeleitet werden muss.

Vierung
Als Vierung bezeichnet man jenen Raumteil, der an der Schnittstelle von Langhaus und Querhaus entsteht. Auf Grundrissen erkennt man Vierungen an dem quadratischen Feld. Wenn man die Vierung genauer beschreiben will, kann man zwischen ›ausgeschiedener‹ und ›abgeschnürter‹ Vierung unterscheiden.
Bei der ausgeschiedenen Vierung sind die Raumhöhen der angrenzenden Bauteile gleich hoch und breit, denn nur dann ergibt sich als Vierung ein Quadrat. Bei einer solchen Durchdringungsform ergibt sich weiterhin, dass die Mauern in einer vertikalen Ebene verlaufen. Die erste erhaltene, nachweisbare Vierung findet sich in der ottonischen Michaelskirche in Hildesheim (1010–1033). Die abgeschnürte Vierung ist ein Rechteck (kann also auch ein Quadrat sein), die angrenzenden Räume müssen nur annähernd gleich hoch sein, und die Vierung ist durch Mauerzungen abgesetzt, d. h. die Mauern fluchten nicht.

Zwerggalerie
Die Zwerggalerie müsste eigentlich Zwerchgalerie heißen. Der Begriff leitet sich vom mittelalterlichen ›zwerch‹ ab, was ›quer‹ bedeutet. Die Zwerggalerie ist ein niedriger Laufgang unter der Traufe, der unteren waagerechten Begrenzung des Daches. In diesem Glossar steht der Begriff nur, weil wir ganz frech noch einen Begriff mit ›Z‹ brauchten, denn bei den gotischen Backsteinkirchen kommt die Zwerggalerie nicht vor.

Bücher

Eine Auswahl weiterführender Literatur

Eine grundlegende Übersicht über die Baudenkmale der vorgestellten Region gibt nach wie vor das 1905 von Georg Dehio gegründete Handbuch der Deutschen Kunstdenkmäler:

Dehio, Georg: Mecklenburg-Vorpomern. Neu bearbeitet von Hans-Christian Feldmann. München, Berlin 2000.

Über die gotische Baukunst:

Binding, Günther: Hochgotik. Die Zeit der großen Kathedralen. Köln 1999. – Ders.: Was ist Gotik? Eine Analyse der gotischen Kirchen in Frankreich, England und Deutschland 1140–1350. Darmstadt 2000. – Nußbaum, Norbert: Deutsche Kirchenbaukunst der Gotik. Entwicklung und Bauformen. Köln 1985, 2. Auflage 1994. – Ders. und Lepsky, Sabine: Das gotische Gewölbe. Eine Geschichte seiner Form und Konstruktion, Darmstadt 1999.

Architektonische Fachbegriffe lassen sich schnell im ›Koepf/Binding‹ nachschlagen:

Koepf, Hans und Binding, Günther: Bildwörterbuch der Architektur. Dritte überarbeitete Auflage mit englischem, französischem und italienischem Fachglossar, Stuttgart 1999.

Ein Überblick zum Thema Hanse mit Forschungsgeschichte und weiterer Literatur:

Hammel-Kiesow, Rolf, Die Hanse, München 2000, 2. Auflage 2002 (zitiert als Hammel-Kiesow, Hanse 2000, *Seitenzahl*).

Informationen zu den u.g. Städten bieten die fünf Katalogbände, die 2002 zu einer Ausstellung in vier Städten ›Wege zur Backsteingotik. Gebrannte Größe‹ bei der Deutschen Stiftung Denkmalschutz erschienen sind:

Lübeck. Die Hanse. Macht des Handels (zitiert als *Autor*, Kat. Die Hanse 2002, *Seitenzahl*). – Wismar. Bauten der Macht (zitiert als *Autor*, Kat. Bauten 2002, *Seitenzahl*). – Stralsund. Maritime Macht (zitiert als *Autor*, Kat. Macht 2002, *Seitenzahl*). – Greifswald. Dialog des Geistes. – Rostock. Die Sprache der Steine.

Eine Einführung in die UNESCO-Welterbestätten Lübeck, Wismar und Stralsund:

Albrecht, Thorsten; Giese, Gerd und Hacker, Hans-Joachim: Weltkulturerbestädte Lübeck, Wismar, Stralsund. Rostock 2004 (zitiert als *Autor* 2004, *Seitenzahl*).

Eine bebilderte Einführung in das Thema:

Kiesow, Gottfried und Grundner, Thomas: Backsteingotik. Rostock 2004. – Kiesow, Gottfried: Wege zur Backsteingotik. Eine Einführung. Bonn 2003.

Ein Überblick zum Thema Kreuzzüge:

Ausstellungskatalog Die Kreuzzüge. Kein Krieg ist heilig. Hsg. Kotzur, Hans-Jürgen. Mainz 2004.

Eine Einführung in die mittelalterliche Stadt:

Meckseper, Cord: Kleine Kunstgeschichte der deutschen Stadt im Mittelalter. Darmstadt 1982 (zitiert als Meckseper Stadt 1982, *Seitenzahl*).

Ein Kurzführer zum Schabbellhaus in Wismar:

Hoppe, Klaus-Dieter: Stadtgeschichtliches Museum Wismar. München und Zürich 1991 (zitiert als Hoppe 1991, *Seitenzahl*).

Zur Geschichte Stralsunds schufen die Publikationen von Herbert Ewe und Konrad Fritze Grundlagen, z.B.:

Ewe, Herbert: Das alte Stralsund. Kulturgeschichte einer Ostseestadt. Weimar 1994. – Ders.: Stralsund. Rostock 1969. – Fritze, Konrad: Die Hansestadt Stralsund. Die ersten beiden Jahrhunderte ihrer Geschichte (Veröffentlichungen des Stadtarchivs Stralsund IV), Schwerin 1961 (zitiert als Fritze 1961, *Seitenzahl*).

Nach wie vor grundlegend:

Zaske, Nikolaus: Gotische Backsteinkirchen Norddeutschlands. Leipzig 1970. – Ders.: Die gotischen Kirchen Stralsunds und ihre Kunstwerke. Berlin 1964.

Ein prachtvoller Bildband mit Aufsätzen zu St. Nikolai in Stralsund:

Herre, Volkmar: Wenn Räume singen. St. Nikolai in Stralsund. Stralsund 2001 (zitiert als *Autor* in Herre 2001, *Seitenzahl*).

Ein für Kinder geeignetes Bilderbuch:

Draeger, Heinz-Joachim, Von Koggen und Kaufleuten. Eine Hansestadt im Mittelalter. Hamburg 2000.

Unterhaltsames und Anschauliches zum Bauen im Mittelalter:

Gimpel, Jean: Die Kathedralenbauer. Mit einem Vorwort von Ken Follet. Aus dem Französischen von Katharina Kramer, 1996. (Original: Les bâtisseurs de cathédrales, 1980).

Anschaulicher Lesestoff zu vielen Aspekten des mittelalterlichen Zusammenlebens:

Althoff, Gerd; Goetz, Hans-Werner und Schubert, Ernst: Menschen im Schatten der Kathedrale. Darmstadt 1998.

Adressen

Reisehinweise

Bad Doberan
Tourist-Information
Alexandrinenplatz 2
18209 Bad Doberan
Telefon 03 82 03/6 21 54
Fax 03 82 03/7 70 50
www.doberan.de

Greifswald
Greifswald-Information
Rathaus am Markt
17489 Greifswald
Telefon 0 38 34/52 13 80
Fax 0 38 34/52 13 82

Lübeck
Lübeck und Travemünde
Tourist-Service GmbH
Breite Straße 62
23552 Lübeck
Telefon 01 805/88 22 33
Fax 04 51/122 54 19
www.luebeck-tourismus.de

Neubrandenburg
Stadtinfo
Stargarder Straße 17
17033 Neubrandenburg
Tel 03 95/194 33
Fax 03 95/582 22 67
www.Neubrandenburg.de oder
www.vznb.de

Poel
Kurverwaltung Insel Poel
Wismarsche Straße 2
23999 Kirchdorf
Telefon 03 84 25/203 47
Fax 03 84 25/40 43
www.insel-poel.de

Private Zimmervermittlung
Insel Poel
Wismarsche Straße 1
23999 Kirchdorf
Telefon 03 84 25/40 50 03
Fax 03 84 25/40 50 04
zimmervermittlung@poel.de
www.poel.de

Ratzeburg
Ratzeburg-Information
Schlosswiese 7
23909 Ratzeburg
Telefon 0 45 41/85 85 65
Fax 0 45 41/53 27
www.Ratzeburg.de

Rostock
Tourist-Information
Neuer Markt 3–8
18055 Rostock
Telefon 03 81/19 4 33 und
Telefon 03 81/381 22 22
Fax 03 81/381 26 01
www.rgs-rostock.de

Rügen
Tourismuszentrale
Rügen GmbH
Markt 4
18528 Bergen auf Rügen
Telefon 0 38 38/80 77 0
Fax 0 38 38/25 44 40
www.ruegen.de

Schwerin
Schwerin-Information
Am Markt 10
19055 Schwerin
Telefon 03 85/5 92 52 13
Fax 03 85/5 62 73 9

Stralsund
Stralsund-Information
Alter Markt 9
18408 Stralsund
Telefon 0 38 31/24 69 0
Fax 0 38 31/24 69 49
www.stralsund.de

Tangermünde
Tourist-Information
Tangermünde
Kirchstraße 59
39590 Tangermünde
Telefon 03 93 22/223 93
Fax 03 93 22/223 94
www.tourismus-
tangermuende.de

Wismar
Fremdenverkehrsamt
Wismar-Information
Am Markt 11
23952 Wismar
Telefon 0 38 41/251 30 25
Fax 0 38 41/251 30 91
www.wismar.de

monumente edition

Backsteingotik

Konzeption, Redaktion, Texte und Gestaltung: Dr. Angela Pfotenhauer und Elmar Lixenfeld
Büro für Redaktion und Gestaltung, Köln und Frankfurt am Main

Herausgeber
Deutsche Stiftung Denkmalschutz, Bonn

Redaktionelle Mitarbeit an der ersten Auflage 1999
Carola Nathan (über St. Petri in Rostock), Dr. Dorothee Reimann,
Christiane Rossner (über die Zisterzienser), Dr. Ursula Schirmer, Dr. Bettina Vaupel

Als Quellen dienten neben der angegebenen Literatur
die Unterlagen zu den Förderprojekten der Deutschen Stiftung Denkmalschutz, Bonn.
Ausdrücklich sei an dieser Stelle auch den Archiven und Museen in Wismar und Stralsund gedankt.

Titelbild: Prenzlau, St. Marien (Florian Monheim)
Innenseiten des Umschlags bzw. Vor- und Nachsatz: Details aus Wismar und Stralsund (Elmar Lixenfeld)
Rückseite: Eldena, Klosterruine (Florian Monheim)

Abbildungsnachweis
Elmar Lixenfeld, Frankfurt am Main: S. 2, 4, 5, 6, 7, 13, 14, 15, 16, 17, 28, 29, 30, 31, 48, 51 m., 52, 55, 56, 57, 60, 61, 62, 63, 65, 66, 67, 68 o., 69, 74, 75 l., 77, 78, 79, 80 o.r., 81, 82, 83, 84, 85, 86, 87, 88, 89, 90, 94, 95, 96, 98, 101, 102, 103, 121, 122, 128, 129 o.l., 143
Elmar Lixenfeld nach Rolf Hammel-Kiesow / Archiv der Hansestadt Lübeck: Karte zur Hanse S. 50.
Florian Monheim, Meerbusch / www.Bildarchiv-Monheim.de: S. 18, 19, 21, 22, 23, 24, 25, 26, 27, 80 o.l., 80 u.l., 80 u.r., 93, 129 o.r., 129 u.l., 129 u.r., 130, 132, 133, 134
Florian Monheim und Roman von Götz: S. 8, 9, 10, 11, 33, 34, 35, 37, 44, 45, 46 o., 46 u., 49, 64, 68 u., 70, 72, 73, 97, 108, 109, 110, 111, 112, 114, 115, 116, 117
Archiv Deutsche Stiftung Denkmalschutz, Bonn: 54, 106 (Martin Poley, Wismar), 113, 118, 120, 124, 127, 136–137
Marie-Luise Preiss, Bonn: S. 51 r.o., 51 r.u., 92
Lisa Hammel, Dortmund: S. 12, 38, 39, 40, 42/43, 59, 71, 75 r., 76, 91, 99, 105, 107, 119, 123, 125, 126
Lisa Hammel und Jochen Peters: S. 135
Hanjo Volster, Wismar: S. 53

Druck
Salzland Druck, Staßfurt

4., völlig überarbeitete und ergänzte Neuauflage 2005

Paperback: ISBN 3-936942-07-2
Festeinband: ISBN 3-936942-10-2

monumente Publikationen der Deutschen Stiftung Denkmalschutz
Leitung: Gerlinde Thalheim
Dürenstraße 8, 53173 Bonn, Telefon 0228 / 95 73 5-0, Fax 0228 / 95 73 5-28
www.monumente.de

DEUTSCHE STIFTUNG DENKMALSCHUTZ

Schirmherr: Bundespräsident Horst Köhler

Vorstandsvorsitzender: Prof. Dr. Dr.-Ing. E. h. Gottfried Kiesow
Generalsekretär: Dr. Robert Knüppel
Geschäftsführer: Gerhard Eichhorn

Geschäftsstelle: Koblenzer Straße 75, 53177 Bonn
Telefon 0228/95738-0, Fax 0228/95738-23, www.denkmalschutz.de